读客®图书

The best time with Bruce Lee

李小龙和我的旧时光

半生修行，一生怀念

丁珮 口述 | 圆太极 编著

APGTIME 时代出版
时代出版传媒股份有限公司
北京时代华文书局

图书在版编目(CIP)数据

李小龙和我的旧时光 : 半生修行，一生怀念 / 丁珮口述 ;
圆太极编著. -- 北京 : 北京时代华文书局, 2014.12
ISBN 978-7-80769-960-6

Ⅰ. ①李… Ⅱ. ①丁… ②圆… Ⅲ. ①丁珮－自传
Ⅳ. ①K825.78

中国版本图书馆CIP数据核字(2014)第274297号

李小龙和我的旧时光：半生修行，一生怀念

口　　述 | 丁　珮
编　　著 | 圆太极

出 版 人 | 田海明　朱智润
选题策划 | 朱若愚
责任编辑 | 梁　静
特约编辑 | 朱若愚　孟　味
装帧设计 | 李子琪　陈宇婕

出版发行 | 时代出版传媒股份有限公司　http://www.press-mart.com
北 京 时 代 华 文 书 局　http://www.bjsdsj.com.cn
北京市东城区安定门外大街136号皇城国际大厦A座8楼　邮编：100011
印　　制 | 北京卡乐富印刷有限公司
开　　本 | 710mm×1000mm　1/16
印　　张 | 18.5
字　　数 | 188千字
版　　次 | 2015年6月第1版　2015年6月第1次印刷
书　　号 | ISBN　978-7-80769-960-6

定　　价 | 49.90元

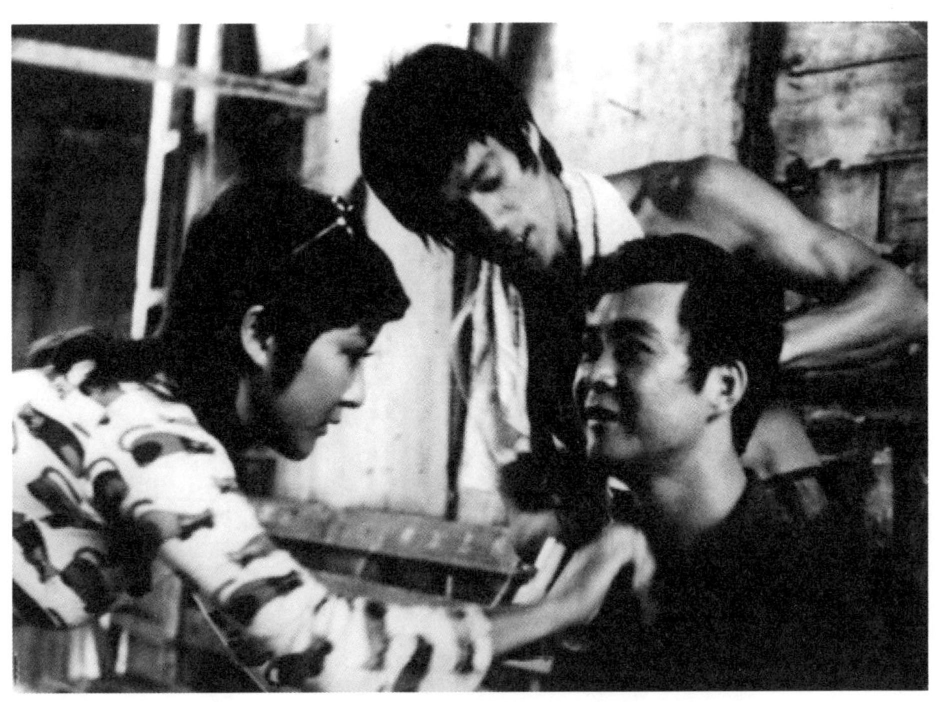

丁珮和李小龙。

20岁的丁珮初至香港，摄于太平山下。

上世纪六七十年代，丁珮凭借其摩登、前卫的形象气质，给当时的观众留下了非常深刻的印象。

丁珮的人生犹如一部传奇，曾经绚烂，而后归于静谧。

目 录

自序

睁开眼睛天还没亮，是头痛把我叫醒。头痛是我最怕的老毛病，现在已经好了很多，以前发作时简直是痛不欲生。但是我从没有去看过医生（我父亲是西医师，我从小非常信任医生），李小龙往生后，除非万不得已我都不会去看医生。我喜欢以自己的方法去医病，尤其是学佛之后，而我的方法总能有些效果。

经过四十年的苦行，我现在的心很细，看东西很清楚，很多时候我都是处于解脱的境界。我很会开导我自己，每天都会反省一天所做的事，觉得不对的话我会忏悔。之后我会原谅自己，原谅自己就会原谅别人，人非圣贤，谁能无过？

我喜欢把内外的世界看作都与我有关。我喜欢承担，我喜欢进步，我喜欢看见美好的事，如果不好，心中会祈愿都能变好。我不喜欢争论，我喜欢互相赞美。我不喜欢仇恨，我喜欢知足常乐。我喜欢感恩珍惜，我喜欢宽宏大量，我喜欢给别人快乐。给人快乐就是给自己快乐，给人机会改过就是给自己机会改过。改自己都那么难，何况去改别人？所以需要更多的理解和付出。

我们都是看事情的发生才能去判断学习的，世界上有了多少牺牲，我们才能体会，才能成就？要好好地看守住自己的心在做什么，在想什么，不怕念起只怕觉迟。不要怕苦，修行就是修改自己的行为。人往高处走，水往低处流，这是为人的根本，是自然的原则。每个人都喜欢快乐自在、心想事成，所以要去修行。

我因为从小逃难去台湾，没有落地生根的感觉，心不安定，每天只有混日子。贪玩懒惰不喜欢读书，没有思想和正确方向，怕死怕苦不喜欢工作，追求名利不切实际。后来想想，除了没有归属感，应该是没有吃到苦。“苦”是一个名词也是一个动力，不怕苦，苦就没有了！人生就是要包容一切苦才能进步！苦就是承受、积极、不懒惰！

后来不可思议地去了香港，不可思议地遇到了李小龙，人生开始一百八十度转变！奇妙的感觉（可能是世间人说的爱情吧），巨大的力量，我情不自禁地被吸住了！从此变成生死之交，如影随形，感觉他无时无刻都与我一体，没有自由，无法选择，也是从这个时候开始，我吃苦了，吃了很多苦。因为吃苦了，我才认识了佛的世界，走上了人生另外一条道路——修行之路。所以我知道，苦，还是一种修行。

佛的世界也是思想的世界，非常奇妙，我总能感觉李小龙在陪伴着我修行，陪我冲破种种难关，不怕世人的辱骂诽谤，让我坚定信心，相信因果因缘。我不能辜负李小龙用短暂现世来帮我成就，没有他，我不可能有动力看了六遍六百万字的《大般若经》去增长智慧；没有他，我不可能有定力背诵两万六千字的《心经》《大悲咒》《阿弥陀经》《妙法莲华经观世音菩萨普门品》等等大乘经典；没有他，我不可能再参悟截拳道的“以无法为有法，以无限为有限”的精神，让我能将双手运用得好像双截棍，让我身上的肌肉用力时也好像李小龙一样。

不除妄想不求真，真妄是不二法门，但没有妄想又哪来的真？知易而行难，什么法都要自己去参悟！人帮你是有限的，自己帮自己是无限的；身体是有限的，生命是无限的。所以李小龙的帮助是有限的，最终还是要靠自己的才能走向无限。

人生难得，必须好好珍惜自己的生命，这是李小龙往生后我最大的感悟。很难理解一些人受了些打击就轻生！想一想，和我比较一下，其实什么都可以过。事在人为，即便不成又如何，成也烟云败也烟云，还是从自己身上想想。万事源，父母恩，百事孝为先，还要为家人着想。跌倒了失败了再爬起来！关关难过关关过，这就是人生。天无绝人之路！千万不要自己绝自己的路。现在的我每天都要放下，早上眼睛睁开就是生，晚上眼睛闭上就是死。我每天都希望把事做到好、做到足，没有遗憾！一日不做一日不食。我不把烦恼带上床，所以从不失眠。我由贪恋生死到面对李小龙三十三岁就往生的事实，哪怕留下一个摊子给我（并不是我所想的），让我自己一个人走下去（在世人的指责下）。我在母亲的陪伴下开始了我人生真正的旅途，不怨天尤人一步一步地走了四十年。难行能行，难忍能忍。

我不在乎任何人对我处世做人的看法，我只需要对李小龙一个人交代，因为他把他的修行名誉都给了我！李小龙说“真”是最可贵的，《精武门》里他正巧叫陈真。他生前经常称赞我有品位，赞我心地好，对人真诚。

李小龙与我特别有缘。《猛龙过江》里演的叫唐龙，是因为李小龙生肖属龙，名字里也有龙，而我本姓唐，所以用了这个名字。而他的第一部戏叫《唐山大兄》，第一个字也是我的本姓，真的很巧。他的个性与我很像，都是爽快、讲义气、为人正直好打不平，不惹事但也不怕事。和电影里一样，台上台下都是真英雄。他喜欢讲道理讲哲学，而我每次都似懂非懂的做旁听生。

为了不辜负李小龙看好我的独到眼光，我不想令他失望而努力修行。今天，我相信他在天之灵会得到安慰，赞自己眼光不错。因为四十年里，我的不断努力令世上的龙迷依旧无数，令龙迷们的偶像还是如日方中。世上没有完美，却又是那么完美，神龙一现，流芳百世。

在此四十年中，我有一个生肖属龙的女儿帮忙打磨我。她在香港中文大学毕业后又辛苦地去读律师，她说她生下来看到那么多不公平的待遇（对我），所以要做律师保护我，让我不再受欺负。她希望我永远站得挺直，永远自立，无所畏惧，因为清者自清。她希望我打扮得漂亮年轻，永远有一颗跳动有力的心，不受年龄限制。我听了我女儿的建议，所以我在修行，我在做该做的事情。

在此四十年中，我还有一个与李小龙有种奇妙缘分的儿子。他是1984年7月20日生的，那天正巧是李小龙往生十一周年。因为李小龙，我珍惜这个儿子，为了他，我把家庭让给他的生母。但此举却令我女儿失去了完整的家，由此，我女儿也走上了修行的路，与我同行。

我伟大的父母给予了我极大的包容。他们从来没有真正责怪过我的作风。我从修行中做好真正的自己，没有他们的耐心支持，我又怎么能面对世间的种种困难？如今现实中再也不能报答他们了，只有把报答洒给世人。感恩所有成就我的家人、兄弟姊妹、干妈干爸、亲朋好友。感恩我的师父以及帮助过我的人。

近十年的时间里，无数的人与我接洽，商谈出自传和拍电影去纪念李小龙，但都未能达成协议。虽然这些也是我的夙愿，但最后总是因为我觉得合作不是很舒服以及对方对我欠缺了解而不能如愿。我所有的一切都不是金钱可以打通的，要和我对路并不是一件容易的事，尤其是写自传！我从小最不喜欢的就是读书写字，现在这个年纪则更加觉得写东西很疲惫，想到就头痛！而先后找到的几个作家都不能写清、写透我。但书最终是要写的，这算是欠儿女的一个债，必须让世人知道我真实的过去和神奇的现在，否则就不能够做一个好母亲、好榜样。

人生如梦，世事难料，竟然在上海找到了专写传奇神作的圆太极。我与他一见如故，相信是神交已久因此他完全明白我。皇天不负苦心人，借着他的神来之笔，我纪念李小龙的自传小说终于可以面世了！这部自传小说全面真实地表现了我的曾经和现在，感谢之情千言万语，不知道从何说起。

从小离开大陆，没想到更多的龙迷在大陆，能真正了解我、明白我的人也是在大陆。在这里我觉得舒畅自在，没有压力，在这里遇到的都是正义的好人，和我小时候听说的、感到害怕的中国大陆完全不一样！来来往往好多趟，每次都恍惚在梦中，而梦又确实在渐渐成真。于是感慨自己修行带来的福报，感恩李小龙的修行将我带入又一个美好的境界。

丁珮

2014.10.6

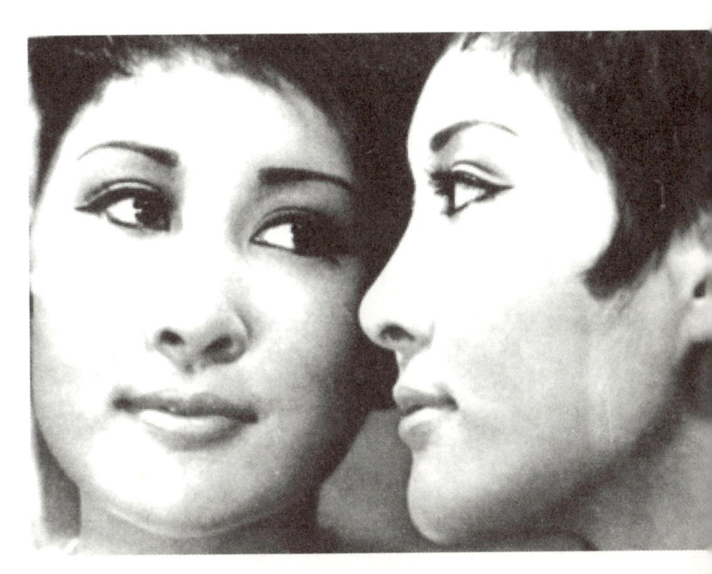

引子

2014年5月 上海

从上海兴国宾馆1110套房客厅的大玻璃窗往外看，首先入眼的是一片天空。初夏之际，长江下游有着很特别的雨云天相，叠叠散散，缥缈变化。太阳被片片流云一会儿掩住，一会儿又拥出，便如天眼开合，望尽人间，悟透人间。透过玻璃窗再往下看，下面有兴国宾馆坐拥的七万多平方米的花园，葱绿如烟，绵翠如锦。从高处望下，铺展得就如一汪碧潭。由此可以想象，立身之处的宾馆大楼，便如同是从翠烟缭绕的碧潭中婷婷而出的一朵莲花。

她一身素服坐在窗前，那是很自然的端坐状态，不带一点刻意。然后同样很自然地微闭双眼，舒适而虔诚，不带丝毫做作。恍惚间给人的感觉真就如同是坐在一朵莲花之上。

看她的背影，依旧如同二三十岁那样青春婀娜；看她的面容，还是像三四十岁那样富贵娇润；但是看她的气势、气相，却仿佛有一种数百年才能积累而成的厚重境界，一种需经过各种磨炼和不断觉悟才能拥有的深邃。

面前放着的是一部千年的佛典，她说那里面藏有万载的大智慧。而当她以一种独特的声调将那佛典背诵出来时，就如同远古天净处飘来了仙乐梵音绕梁不去。在其中有温抚人心伤失的天籁之声，也有点醒意识混沌的狮吼之音，让人顿时醉于其中、醒于其外。

好多年前的某一天，医生告诉她可能已经失去了记忆能力。但是直到今天，她发现自己从来就没有忘却过。她记得自己生命中的每一次神奇，虽然有些是迷茫的，有些是疯狂的，有些是惊恐的，有些是痛苦的，有些是感动的……但她真的全都记得。非但没有忘却，她还又在记忆中加入了数万字的佛典经文，毫无疑问，这是她又一次展现了生命的神奇。

她是谁？她曾经是谁？她现在又是谁？这些问题或许连她自己都不能说清楚。有些时候她不知道自己应该是男还是女，有些时候她不知道自己到底是妖还是佛……她甚至都不知道自己到底姓唐还是姓李。

但是，她始终知道也始终记得自己出生在农历的1947年2月19日，那一天也正好是观音菩萨的诞辰日。

第一部　灵女多惊险

- 淹不死，烧不死
- 灵性初现
- 离家四年

丁珮在台湾台北永和与父亲唐次虞、母亲鲍贞媛合影。

淹不死，烧不死

1949年台湾 台北市

台北市泰顺街的附近有一片日式住宅区。虽然房屋排列显得有些拥挤，但是有几条小街小巷贯穿其中，倒也将这片住宅分割得错落有致。再加上此处街巷很少有车辆来往，所以整体环境显得很是宁静安逸。

当时从大陆退入台湾的外省人很多，一下子增加了台湾的居住负担。许多人居无定所，或者是挤在群居式宅楼的小单位里。而能住上这种独栋日式房在那种情况下是一种奢侈和尊贵的象征，那些房屋的主人不管从经济能力、社会地位还是家族背景，都是很不寻常的。

唐次虞的儿科诊所就在第一道街的街边，虽然并没有挂上很显著的诊所标志，但是每天都会有很多病人前来就诊。唐家三代都是很有名的西医，唐次虞的祖父是中国第一批出国留学回来的西医，而唐次虞自己也是在日本深造过的，所以他家诊所的医疗水平远近闻名。再加上唐医生为人慈悲厚道，诊金、药费都很是低廉，每天接待的病人中有好多都是走远途专门过来找他求医治病的。

唐医生的太太叫鲍贞媛，唐太从来不管诊所里的事情，因为她有更重要的事情要去做。一般当上午诊所里求医的病人差不多排到诊室门口的时候，正好也是唐太收拾打扮利索后出门的时间。

唐太每天准时出门是出去打麻将牌。整天打麻将牌不管怎么说都应该算是不务正业的消遣，但在国民党刚刚退守到台湾，还要随时提防大陆军队打过来的那些日子里，并不是谁都有资格这样不务正业的。

唐太具备这样的资格首先是因为她不缺钱。她的父亲鲍毓麟原来是北平市警察局局长，曾为战乱时北平的文物保护做出很大贡献。唐太的娘家就住在北平香山十八盘白果松，“文革”期间毛泽东也曾在那里居住过。在过去别人家里都是重男轻女，但是鲍家却是重女轻男。鲍毓麟手里的好些东西大部分都传给了唐太，所以唐太从大陆来到台湾时，带着大量的黄金和钻石。即便唐医生的诊所不开诊，他们家依旧可以过上衣食无忧的生活。

台湾并非世外乐土，特别是对刚刚从大陆逃过来的外省人来说，即便有钱也不一定就能过上整天打麻将的日子。但是唐太不一样，她除了有钱外还有着很硬的靠山。在大陆的时候，一些亲戚也许因为天南地北或关系曲折而很少往来，但是当大家一块儿来到台湾这个弹丸之地后，这些亲戚之间便一下拉近了距离。再加上都是背井离乡到一个陌生的地方，相互间即便是转了多少弯的关系也会变得分外亲热，力所能及之处肯定是百分关照。

而能让唐太当作靠山的亲戚和她关系原本就很近，是她娘家那边三代以内的姻亲。有靠山就是有保障，有了保障当然就有资格不务正业地消遣了，更何况这还是个很大很了不得的靠山，那就是唐太的舅舅张学良。

不过唐太出去打麻将还真不是完全不务正业的消遣，她每天赶牌局其实是心存着挣大钱的目的。牌桌上的钱是今天收明天倒，唐太当然不会傻到想靠赢牌挣大钱。但是能整天同样和她一样打麻将的人也绝非一般人，从这些人口中得到的一些内部信息可以让唐太在炒金、股票这些更加大型的“赌桌”上挣到钱。事实也真是如此，唐太在最鼎盛时期炒的金子一度高达千两。

这一天对于唐医生家里人来说没有觉得有什么不同。虽然世界上在这一天里发生了许多大事，包括在香港一个叫李振藩的男孩首次以艺名“李小龙”主演的《细路祥》在这天开拍，但怎么牵扯都似乎和他们唐家的人没有丝毫关系。

唐太照常准点出门，当她挎着小牛皮提包走过院子时，那些等待看病的病人和家属都对她十分热情、恭敬。

“唐太，又出去打牌呀。”

“唐太，你小心些走，这地砖有些活。”

……

“对对，就到前头东巷里面的曹二爷家。你们再坐着等等，估计很快就轮到你们看病了。”唐太回应大家的永远是微笑和温言，这是一种无法模仿的气质和气度。

“哎，对了。你们谁看见我们家小五了？这孩子又野到哪里去了？”唐太在找他们家的小五，这孩子才从眼前消失一会儿就又不知道跑哪里去了。

唐太每次出去打牌都要带上小五，这样可以一边打牌一边看住她。小五这孩子好像是天生的好动症，喜闹不喜静，爱到处乱跑乱玩。要没个大人管看着，一不小心真就有可能闹出什么事情来。

“找你家小五啊，我好像看见她在马路对面的沙堆前玩。”一个刚进来就诊的病人告诉唐太。

唐太走出院门，果然一眼就看到蹲在马路对面的小五，她正蹲在那里专心致志地在用泥沙搞着什么创作呢。门前这条坑洼不平的街面最近要整修，所以在路边堆了不少沙土，把本来就不宽的街面挤得更加狭窄。

“嘟——”一声刺耳的汽车喇叭声响起，这条平时很少有车辆通过的街上意外地出现了一辆美式军用大卡车，而且是很快速很突然地从西面交叉道口里拐出来的。

汽车转弯的速度很快，角度也打得很急。而这样小角度的急速转弯势必会出现一个盲区，所以驾驶卡车的司机根本无法看到蹲在沙堆前面的小五。

卡车从沙土堆前呼啸而过，车身很明显地跳动了一下。那一刹那有零星几声简短的尖叫，随后而来的是一片惊呼声。

“不好，压到人了！”

“完了完了，这下没命了！”

“快看看，还有没有得救！”

唐太大张着嘴巴，却一点声音都发不出来。她只觉得全身的血都在往头顶涌，脑袋里一片持续的轰响，双腿瘫软无力，随时都可能要跪倒。胸间的一口气冲到喉咙处便始终堵在那里，久久不能吐出。此刻她的意识里只是在不停地重复着：“小五没了！小五没了！”

卡车过去了很长一段距离才戛然而止，但随即就又开走了，因为司机探身出来往后看了看，并没有看到有什么事情发生。而周围嘈杂的惊呼声差不多是和汽车同时戛然而止的，全都换成了惊讶的注视。

小五依旧蹲在沙土堆前，依旧在玩着泥沙，就连头都没有抬一下。呼啸而过的卡车、周围的惊叫全都未能影响到她的专注。直到唐太嘴里连声的“小五”喊着，脚下踉跄着冲过去一把将她紧紧抱起，她才发觉周围有很多人围了过来并且关注着自己。但是到底发生了什么事情她依旧是浑然不知，只是用茫然的目光回视着大家。

唐太抱起小五后，习惯性地将小五从头到脚急促检查了一遍，确定没有丝毫损伤后才长长舒了口气。她真的已经习惯了这样的动作和流程，习惯了这样长长地舒气，唯一没能习惯的是这样的惊吓。

像今天这样的惊险场面唐太已经经历过远远不止一次了。离得最近的一次是三号台风过来时，连续几天的雨水将西街的一堵老围墙根基浸烂了。小五打把小雨伞正好经过那里，走在后面的唐太眼睁睁看着围墙朝小五砸下。但是当扬起的尘土快速在雨水中散尽后，小五却很不可思议地刚好站在倒塌砖墙的范围之外，没有受到丝毫损伤。最为惊险的一次是在荷花池边，荷花池边新建了一个三米多高的平台，小五登上去后趴在用花岗岩搭制的栏杆上玩。但是这些花岗岩栏杆还没有完全固定好，而小五趴着的那根花岗岩石料根本就是摆在支柱上的，完全没有进行固定。所以小五和那块三百多斤重的花岗岩一起摔下了平台。那一次唐太不单自己亲自从头到脚检查了小五，而且还到最近的医院急诊给她检查一遍，结果依旧是毫无损伤。

卡车压小五这件事情很多人都看到了，对于小五毫发无损的原因说法有好多种。有人说是因为卡车转弯时被沙土堆的坡度垫高了，所以车轮从埋头蹲在低凹处的小五身上跳了过去；有人说卡车转弯打得太过，所以后车轮已经绕到小五的前面，而美式军用卡车的底盘比一般卡车高许多，小五是从车肚子里钻过去的……但是唐太在这次经历之后，她更愿意相信当年那个游方道士的说法。

那是小五在北平刚生下来的时候，她那当北平警察局局长的外公过来看她，顺便从街上带来一个据说卜术超级灵验的游方道人。外公鲍毓麟重女轻男，所以很在意小五的前途未来，请那道人回来就是要给她卜算一下这辈子的命理运数。

“不对呀，从时辰上推算这应该是个男孩才对，怎么会是个女孩？”那道人掐指算过之后首先对自己得出的结果提出了疑问。

“还有……还有这五行定数和先天命数显示的结论好像也是不对的，这不是凡人该有的算论。”游方道人越算越觉得茫然。

“道长不要有顾虑，算出什么说什么。算出好命来我们也只当是讨个吉祥口彩，算得不好我们也不介意，就算是老天给了一个提醒。”外公是个宽厚的人，他主动给道人卸下心理负担。

“淹不死，烧不死，身受磨难心不死。”道人将算论说出，其实他自己也不知道这算论到底是吉命还是凶命，如果是从字面意思上看的话倒有些像是神命。

“道长，算论中说她身受磨难，那能不能用其他方法算算这孩子到底有些什么磨难，有没有破解之法？”外公微皱下眉头问道。

那道人先看了下小五的面相，然后又拿起小五肉肉的右手掌看了下，这才带些释然地说道：“还好还好，磨难即是修炼，苦虽苦，终究是会入大道的。”

听道人始终玄玄乎乎，说不出什么具体的东西来。抱着小五的唐太有些急了：“你就直接说我们这孩子将来会成为什么样的人吧。”

“说不得，真的说不得！”道人的眼中明显闪过一丝惶恐，怎么都不肯再说，像是怕泄露了天机遭受天谴。

那一次算命其实自始至终只给小五下了一个定义，就是“淹不死，烧不死，身受磨难心不死”。所以这句算论唐太一直记得非常清楚，而现在经历的种种事情似乎都在证明着这句算论的正确。但越是这样，唐太便越发担心，因为她不知道自己这个最为疼爱的女儿将来到底会遭受怎样的磨难。

小五大名叫唐美丽，出生在北平。就在离紫禁城不远的一个四合院里。但她是在很多年以后才知道，自己出生地的旁边是一个世界上雕绘龙形最多的地方。

但是唐美丽没能在满是龙画龙雕的皇城附近长时间熏染皇家龙

气，两岁的时候便远眺着那些金瓦龙脊仓皇离去，跟随家人逃离了北平，一路漂泊来到台湾。也不知道经历这样一次远途迁徙算不算是她遭受的一次磨难，抑或者是她身受各种磨难的一个开始。

母亲的担忧唐美丽却不知道，即便在她稍长大些后唐太将那游方道人给她下的算论告诉她了，她也从来没有将这当回事。这倒不是因为当时她年岁尚幼不懂什么是磨难，而是因为她一直都是被宠爱的对象，一个被别人赞誉的对象，根本就没体会过“磨难”两个字的实际含义。甚至在很长一段岁月里那句算论起的都是反作用，因为她记得的只有“淹不死，烧不死”，这让她本就胆大无惧、无法无天的性格有了更加放肆的理由。

“这小姑娘好漂亮呀！”“唐美丽，真的很美丽呦。”这是唐美丽小时候最常听到的赞美。无论走到哪里，总会有些大人拍着她脑袋说这样的话。以至于后来唐美丽一听到这种赞美就感到很烦、很无聊，急于从那样的氛围中逃脱出来。

大人给孩子赞美有很多时候是在客套，是为了给家长面子。但是给唐美丽的赞美却丝毫不存在这样的成分，因为唐美丽确实很美丽。特别是她的那双眼睛，从小时起便仿佛有一种可以钩住别人魂魄、摧毁别人意志的能量。

人们在赞美一个女子眼睛好看时常常会用一汪碧水来形容，而这种形容对于唐美丽的眼睛是远远不够的。她的眼睛应该像是天上的仙湖，碧波之上还有一层缭绕的仙雾，静谧、深邃、神秘，可以让人将意志和意识在不知不觉间融入其中，不能自拔。

但就是这样一个美丽的女孩却有着很野性的性格，对于这种性格各人看法不一样，有人说是无所畏惧，有人说是无法无天，还有人说是不知道天高地厚。一个才四五岁的小丫头，就已经是个天不怕地不怕、拔得光鸡毛、撵得了狗猫的小太妹。其他像她这么大的孩子看见个坟头就惊颤颤的，而她则敢偷跑到父亲的诊所里去摆弄人体骨骼标本。

再大一点后更是不得了，稍不注意她就能给唐太惹个祸回来。对于唐美丽惹祸这件事情，唐次虞和唐太的态度刚开始是一致的，严加看管，严以教导。但是在一件放鸟的事情发生之后，唐医生的态度却有了改变。

那一天唐美丽刚刚偷跑到街尾，娇小柔软的身躯扭动几下便从栅栏缝中间挤进了一户人家。进来之后她直奔这家人挂在院子里的一只鸟笼，先艰难地将旁边一张大椅子挪移到鸟笼下面，然后爬上去并且站到了椅子扶手上，这样她便刚好能够摸到那只鸟笼。上去后她立刻将鸟笼门打开，把一只已经训练得能哨七种声调的姣凤鸟给放跑了。

如果是其他孩子的话，这种事情做完后肯定是赶紧逃走。可唐美丽偏偏不知搭错了哪根筋，鸟儿放了后她却一直站在椅子上不走。等到那家主人出现后，她竟然还叉着小腰昂着头告诉人家，笼子里的姣凤鸟就是她放的。而且这还不算完，接下来她竟然指着鼻子狠巴巴地警告人家，如果再将鸟儿关在笼子里，她还会来放的。而且下次再放的话，连鸟笼子都会给砸了。

这件事情最后还是唐太来收场的，又是赔礼又是赔钱。唯一无法收场的是唐美丽始终都不道歉、不改口，再骂再吓她还是那句话："如果再将鸟儿关在笼子里，她还会来放的。而且下次再放的话，连鸟笼子都给砸了。"

回到家后唐次虞问唐美丽为什么要这样做。唐美丽说因为那只鸟儿关在笼子里感觉很不舒服，而她看到后自己也感到很不舒服，所以才会去把鸟儿放了的。

唐医生听了这话之后微微怔了下，然后轻叹口气说了句"想放就放吧"。

也就是从这天起，唐医生对唐美丽采取的完全是宽容、宽松的管教方式，唐家也只剩下唐太依旧对她严防死守，不敢稍有大意。

灵性初现

整个泰顺街日式住宅区谁都知道唐家有个能像妖怪般闹腾的美丽小五。但是就算孙悟空都还有制得住他的如来佛，更何况这么个小丫头。所以唐美丽也有害怕的时候，比如说当她去北隔黄婆婆家的时候，比如说当她在妈妈常去打牌的曹二爷家的时候。

黄婆婆是个信佛的人，几乎从早到晚都捻着佛珠在念"阿弥陀佛"。唐美丽第一次到黄婆婆家里去是在很无意的情况下，她是晚上和哥哥姐姐玩捉迷藏游戏才从家里的后门跑进黄婆婆家的。进门时她走得太过仓促，再加上当时年纪太小，身矮腿短，被台阶一绊，踉跄几步直接跌扑进了屋里。

黄婆婆家进门的正屋就是佛堂，唐美丽正好是跌在了拜佛的蒲团上，否则这一下不磕掉门牙也要撞断鼻骨。但她这一跌还是将蒲团边的一个木鱼架子推倒了，架子上的木鱼一路“咕隆”滚跳到了屋角，像是连续敲响了一串很大声的木鱼声。

唐美丽没有马上从蒲团上爬起来，而是先抬起了头，这样她就刚好看到供奉在正中的观世音菩萨像。观音像前有一对高烛，明亮的火苗在不停跳动。顶上还有一盏明亮的挂灯亮着，将观音像映照得流光烁灿。

突然从屋子外面摔进来的，瞳孔一时还未能反应过来，所以这样的光线让唐美丽感到有些刺眼。于是她把头低下适应下再抬起，还是感到刺眼，便又低下。如此重复几次才完全适应。

“好好好，这娃娃好，见到菩萨就磕头。”黄婆婆满脸慈悲的笑颜。

都说善人见善，恶人见恶。那黄婆婆笃信佛法，眼中所见便是善男信女。所以当她看到唐美丽趴在蒲团上几次抬头低头，她便认为这是在给观世音菩萨磕头。

虽然这次闯祸没有被责怪，反而还得到黄婆婆的赞许，但是唐美丽仍然没有在佛堂里多留，站起身后便立刻离开。因为那佛堂的气氛让她感到害怕，害怕自己会触犯到什么，害怕自己举止间会有什么不对，害怕菩萨像笑颜对己，感觉就像是在点检自己所犯的错误。

虽然害怕，但是此后唐美丽还是会常常到黄婆婆家里去。但每次去的时间都不会太长，一般进门就磕头，然后站在那里听黄婆婆念上几句阿弥陀佛便赶紧出来，因为她始终觉得害怕。但这已经是不容易了，这个整天闹个不停不歇的小妖怪，也就是在黄婆婆的佛堂里能自觉安静一会儿。

唐太喜欢带着唐美丽去曹二爷家打牌，一则是邻居，离得近，没几步就能到；再则曹二爷的人脉多，在这里可以得到不少有用的投资信息；但最重要的一点是，唐美丽在曹二爷家也会变得非常安静，不敢乱跑乱动。也正是因为这个，在唐美丽发生过多次惊险事件以及放鸟的事情后，唐妈几乎每次去曹二爷家打牌都要带上唐美丽，就算唐美丽极不愿意也最终会被唐太给拽了去。

曹二爷是民国大总统曹锟的孙子，而曹二奶奶是另一位民国大总统冯国璋的孙女。两任大总统家的孙辈联姻，这家人多少会有些不同一般的气势，所以包括唐妈在内的好多人都觉得唐美丽是被这家的环境和氛围镇住了。

关于这一点大姐唐美龄曾经问过唐美丽，因为她很了解自己的妹妹，这个小妖怪是绝不可能被曹二爷家那么一点总统后代的余威余势给镇住的。

“大姐，我在曹二爷家里真的感觉很害怕。”唐美丽有什么事情是不会瞒大姐的。

“奇怪了，曹二爷家有什么东西会让你害怕？”大姐确实有些想不通，曹二爷、曹二奶奶待人非常和善。他们家虽然祖上是大总统，但他们却是很平常很普通，没有一点高人一等的傲气。而且这对夫妻对唐美丽也很是喜欢，每次去了要么给好吃的要么给好玩的。

“我不是害怕曹二爷和曹二奶奶，我是害怕他们家的东西。”

“他们家又没有刀没有枪的，你到底害怕的是什么东西？”唐美丽回答大姐的话大姐并没有能听懂。

唐美丽左右看看没有人，然后才爬到大姐的耳边悄声说道：“大姐我告诉你啊，我害怕的是他家的古董。他们家的那些古董上面都有活的东西趴着，各种各样的，有的像蛇，有的像虫子，有的像壁虎。”

“不要瞎说，怪吓人的。”大姐将唐美丽一把推开，然后面带惊恐地制止她。

唐美丽的这个回答大姐当时肯定是没有听懂，只认为是唐美丽故意吓唬她的。不过从那以后大姐也变得不怎么愿意去曹二爷家了。直到许多年以后，大姐在参加一次玄学讲座中听到了一段话，这才有些明白唐美丽当时的话可能是一种灵性的表现。

“……古董这类东西，有的是世代相传下来的，有的是墓中挖出来的，但不管是哪一种，在多少年的把玩、伏土过程中，都会在上面吸收并积累下一些特质，从而形成不同形式、不同形态的能量场。这些能量场只有别具灵性的人才能有所觉察，而觉察到这些不能理解的东西往往会让人惊恐害怕……”

1953年的一天，也就是唐美丽七岁的那年。她被曹二爷家的一件古董彻底吓得逃出，从此再没去过曹二爷家。

那一天唐美丽本来是不到曹二爷家里去的，她得到唐医生的允许去到东巷转弯口的张家去玩。

张家也有个非常漂亮的小姑娘，她比唐美丽还小一岁。这小姑娘不单是长得漂亮，而且能歌善舞，能说会道，很有表演的天分。五岁的时候就已经开始参演各种影视剧了，并成为了颇有名气的童星。张家这个小姑娘就是后来台湾著名综艺节目主持人张小燕，曾获金钟奖最佳女演员和综艺节目主持人奖。并且一手打造了广为人知的偶像团体小虎队，提拔了张惠妹、陶晶莹等人，被誉为“综艺教母”。

当时唐美丽非常羡慕和崇拜这个邻居小妹妹。只要张小燕在家里排练、背台词什么的，她都会跑过去看。而唐美丽只要看几眼张小燕的举手投足，听两三遍她背的台词，就能够八九不离十地记下来，然后回到家里似模似样地表演给家里人看，并以此作为炫耀。

张小燕也很喜欢唐美丽，因为唐美丽也是一个漂亮小姑娘。漂亮小姑娘都是喜欢漂亮小姑娘的，这就像所有的漂亮小姑娘喜欢漂亮的芭比娃娃一样。虽然唐美丽老是疯疯癫癫地到处闯祸，平时和张小燕根本玩不到一起去，但是她每次看张小燕的排练都那么积极认真，并且每次都陪在旁边直到结束，这让张小燕很自然就把她当成了好朋友。

张小燕这一天排练的是《妈祖》，而且还换了服装化了点妆，以便提高排练效果。唐美丽出来得有点晚，跑到张小燕的家里她已经开始了排练。

唐美丽走进门看到张小燕先是愣了一下，然后突然间“咯咯咯”地放声笑个不停。所有人都很诧异地看着她，不知道她因为什么才笑的。

“唐美丽，你干吗笑呀，我这衣服不好看吗？”张小燕有些生气，她换好服装化完妆后站在镜子前仔细地看过，自己这小妈祖的造型还是非常好看的，没有一点破处。

“不是不是，我不是笑不好看，我笑是因为演得不像。你这样子真的一点都不像妈祖。咯咯……”唐美丽好不容易止住了笑，但话才说完便又笑出了声。

“怎么不像了？别笑了，你说哪里不像了？”张小燕这下真的生气了。

唐美丽停住了笑，然后很认真地又打量了一下张小燕：“你好像没有妈祖那么神气。”

“你凭什么说不像，又没人见过真正的妈祖。”

“对呀，还说小燕不神气，我们这里的小孩子谁能比她更神气了？”旁边有其他小伙伴在帮张小燕。

“对呀，没人见过真正的妈祖，那你们又凭什么说这装扮像呢？”唐美丽停住了下，随口回了一句。

后来唐美丽有很多次重新回想过那一天，连她自己都觉得很是奇怪。自己为什么会觉得张小燕装扮得不像呢，张小燕后来不就凭着扮演小妈祖而红遍台湾了吗？还有就是自己为什么会觉得她不够神气？其实自己心里明明知道她是伙伴中最神气的一个，否则自己也不会那么喜欢她、崇拜她呀。

不过唐美丽最最觉得奇怪的是自己当时为何会作出那么睿智、那么理直气壮的回答：“没人见过真正的妈祖，那又凭什么说这装扮像呢？”是呀，没人见过妈祖又凭什么说像？但最开始是自己态度放肆地在说不像，难道自己见过妈祖吗？

这件事情直到唐美丽接触到佛法之后才有所悟透，她觉得自己当时所说的神气应该是另外一种意思，是对神仙气、仙气的一种表达。其实当时她真正觉出的是张小燕扮演的小妈祖身上缺少了仙气或者说是神仙般的气质。

虽然没几天唐美丽和张小燕和好如初了，但是那一天她是被愤怒的张小燕从家里赶出来的。也就是在张家的门口，唐美丽遇到正往曹二爷家去的唐太，于是被一把拎着一同进了曹二爷家。

曹二爷家这天没有像以往那样摆好桌子洗好牌在等着牌局的人来，而是一帮人围在桌子那里看一件东西。

“什么东西？给我看看，给我看看。”唐美丽的好奇心强，头钻身子扭，几下便从人缝间挤到桌子边上。她真的很想知道到底是什么东西让这些大人今天连打麻将的兴趣都没有了。

桌上放着的只有一件东西，是个有两只把手的铜盆。后来唐美丽才知道，这古董叫“龙洗”。

“这盆子有什么好看的？”唐美丽心中暗想，“会不会是这盆子里盛着什么好吃的东西，否则大家怎么会围住了不走呢。”

唐美丽想到这里赶紧踮脚探头往盆里看。铜盆里除了一些清水其他什么都没有，不过铜盆里面雕铸的花纹倒真的很好看，是一条龙盘在里面。

没等唐美丽将那盘子里的龙形完全看清楚，曹二爷已经伸出双手，手掌心按住铜盆的两个把手，然后前后交错快速摩擦起来。很快，盆子里的水开始起了波纹，并且从盆子里发出沉闷的“嗡嗡”响声。

曹二爷的手掌在持续摩擦，波纹越来越密，持续地往四周盆壁撞去。而“嗡”响声也更加清晰，但是这声音并不持续，高一下低一下，音频有很明显的起伏。

这种状况持续了大概有十几秒的时间，铜盆的边沿上开始有细小的水珠溅起，很多很密集。而“嗡”响也变得更加高声，区分也更加明显，一声高亢夹一声低沉，以这种不断转换的规律持续着。

唐美丽惊愕了，但惊愕只是刹那，随之而来的是害怕，是恐惧。她仿佛看到盆里的龙身在翻转，在挣扎，但始终无法挣脱，无望又无奈。那时高时低的“嗡”响声就像是龙吟，高一声是嘶吼，低一声是叹息。而四周溅起的细密水珠，则像喷溅而起的无数泪滴。

唐美丽之前一直不知道唐太所说的磨难是什么意思，但是这一刻她却隐隐觉得眼前的情形就是磨难。这时的她不仅感到害怕和恐惧，而且非常强烈地觉得心中很不舒服。于是她猛地推一下桌子，将自己小小的身体挤出人群，然后拔腿就往门外跑。跑出门，跑进了巷子，跑上了街，跑得很远很远。

而就在唐美丽跑出曹二爷家的那一刻，远在860公里外的香港，一个少年走进了宗师叶问的家，开始了他的习武生涯。这少年就是李小龙。

此后不久，也就是1954年的春节，在唐美丽身上又发生了一起逃跑的事情。这件事情让唐太和一些长辈觉得唐美丽的不守规矩、不懂礼数已经到了不可救药的地步，而她却是在这件事情之后知道自己还害怕些什么。

虽然好多亲戚都在台湾，但平时并不是有太多机会聚在一起的，所以每年过春节便成了大家最合理的聚会理由。而一些长辈过春节的传统意识很强，加上远离故土思乡心切，所以特别看重过春节拜年的形式。

唐太是个很重情义的人，她很理解那些老人的心态。再则自己一家流落到台湾，说不得什么时候就需要亲戚间给予帮助和照顾，因此每年都会带着几个孩子去给那些长辈磕头拜年。

以往唐美丽挺喜欢参加这种拜年的活动。到那里见个长辈磕个头，然后在长辈们夸赞聪明、漂亮的同时，还能得到一个压岁的大红包，这种好事情也就只有过春节的时候才有。但是这一年的春节唐美丽一个头没磕，一个红包都没拿就逃走了。

磕头拜年当然是从辈分最大的长辈开始，在唐太带领下，唐美丽和哥哥姐姐们来到几个太姥姥面前。太姥姥们的辈分很大，但年纪却不都是很大的。因为她们先后嫁给太外公张作霖时，都比太外公要小很多。

唐美丽不是第一次给几位太姥姥磕头拜年了，但这一次不知道为什么，还没走到几位太姥姥跟前她就感觉到有种不舒服的感觉，心里边就很不情愿继续往那边走。

再走近些后，她觉得好像从哪里有股子冷意传来，让她不由地打个冷战。转头往四周看看，自己明明是在满是欢声笑语、喜庆热闹的环境里，整个厅房里都是暖烘烘的，不可能有什么冷气传来呀。

哥哥姐姐们都磕完头拿到红包，轮到唐美丽时她怎么都不肯走到几位太姥姥面前去磕头。因为她已经觉出那股冷意是从几位太姥姥那里发出的，而且在这股冷意里似乎还夹杂着一些阴晦、污浊的东西。

“美丽，过来呀，到太姥这里来拿红包。”有太姥姥在招呼唐美丽。

唐美丽开始往后面退缩，但是被唐太一把抓住了胳膊，使着暗劲把她往前推。在唐太的半拉半推之下，唐美丽又往前迈了一步，但是这一步还没有完全站定之际，她猛地一甩手挣脱唐太，转身直接往门外奔走了。边跑边一路尖声喊着：“我不磕头！我不要红包！我不磕头！我不要红包！”

她的喊声惊动了所有人，大家面面相觑都不知道到底发生了什么事情。

唐美丽又一次感到了害怕，但这一次她其实并不知道自己到底害怕的是什么。在那里她什么都没有看到，只是感觉到冷意，感觉有阴晦、污浊的味道，那味道就像是被关很久的潮湿老屋发出的。而她所做的抵抗只是因为在下意识间怕有脏东西弄到自己过年的新衣服上，弄到自己洁净粉嫩的肌肤上。

也就是在那次逃跑之后，唐美丽开始有了洁癖。而且变得害怕死人，以及据说人死之后会变成的鬼。

春节过后没多久，有一位太姥姥过世了，她其实早在一年前就已经查出了不治之症。

出于害怕而逃过两次的唐美丽每次都跑出很远很远，但怎么都比不过她的一次自愿离开跑得远，那一跑就是四年。

离家四年

也是1954年这年，天性像男孩子的唐美丽终于在某一天变得有女儿样子了，但也就是在变得有女孩子样后不久，她决定离开自己的家。这一年她八岁，才上小学二年级。

唐美丽的变化和离开都是因为遇到一个人，一个让她感觉很舒服的人。

上小学之后唐美丽在外面疯玩的时间少了，因为要读书写字做功课。即便挤出些时间来玩耍，也只能是在家的附近或者溜进诊所里面转转。

这一天是周末，唐美丽放下书包后便直接蹿到前面的诊所里。诊所里其实好玩的事情很多，那些打点滴的病人闲得无聊，便只能用嘴巴来打发时间。所以天南海北、古今中外什么故事典故、新闻传闻都能在这里听到。

但是唐美丽这一天进诊所后却有些失望，里面很安静，诊断室、治疗室里都没有病人。唐美丽不死心，挨个屋子找人，一直走到最里面的休养室。

休养室是给一些长期治疗和大病后休整的病人用的，平时很少有人。今天休养室里面也一样是静悄悄的，但是唐美丽却在这里见到了一个人。

那是一个非常优雅的女人，正侧躺在休养室的病床上打点滴。虽然这是在色彩单调的诊所里，虽然是躺在简单的病床上，虽然手臂上还挂着打点滴的输液管，但这些却丝毫不能影响到女人的独特气质。这种气质是洁净的、温润的、舒畅的，就像一块玉，就像一道溪，就像叶尖上凝固的露滴。

唐美丽是不由自主地往病床边走去的，因为那女人给她的感觉很舒适很惬意，让她愿意接近，愿意触碰，愿意融入。

“好漂亮的小妹妹呀，你叫什么名字？”那女人也发现到唐美丽，于是微微展开笑颜，轻轻启唇说话，声音柔柔的，淡淡的，暖暖的，就像春天里的微风。

“我叫唐美丽。”

“唐美丽，那就是又甜又漂亮了。你是唐医生的女儿？”

“是的，你怎么知道的？”唐美丽嘴里问着，心里却没有丝毫诧异，冥冥之中她觉得自己应该是在很久之前就已经认识这个女人了。

“你姓唐嘛，还有我见过你妈妈，只有那么漂亮的妈妈才生得出你这样漂亮的女儿。”

“不是的，肯定不是的。”唐美丽暗自在说。她心里很坚定地告诉自己，这个女人认识自己绝不是因为自己姓唐，也不是因为她见过自己妈妈。而是因为自己和她在很久之前在一个很远的地方就已经认识了，就像梦境一样久远。

这个女人叫董云衣，是个回族。她丈夫苏连元原来是甘肃省最高法院的院长，和军阀青海王马鸿逵是拜把子兄弟。董云衣是最近才随丈夫调动到台北市的，刚到这里便生了场大病，并且动了手术。由于她现在的住处离给她动手术的医院较远，术后的一些后续治疗到原来的医院去很不方便，所以想找个就近的医院做后续治疗。于是有人给她推荐了唐次虞的诊所，说唐医生医术高明，费用合理，诊所相比医院要近很多，来去交通也很方便。

董云衣是在诊所休整治疗的第三天见到唐美丽的。前两天在护士、病友们的聊天中她已经听说了唐医生家的小五，最初还很是奇怪，一个小女孩怎么会成为那么多人反复讨论的话题。后来仔细听了下才知道这是个不同于一般的女孩，她虽然无比聪慧漂亮，性格却是比男孩还要野性，而且屡遇大难却分毫不伤。

由于董云衣见过唐太，然后又听唐美丽报出了自己的姓名，所以一下就确定了唐美丽是唐医生的女儿。但她却怎么都不知道唐美丽此时心里的想法，也不知道唐美丽对自己的感觉，只是觉得这小姑娘和自己特别投缘。还有就是觉得这唐美丽并不像别人说的那样野，她在自己面前很是温顺乖巧。

唐美丽也不知道为什么，她在董云衣面前很自然地就安静顺服了。她喜欢董云衣带给她的感觉，这是和那次拜年逃走时截然相反的感觉。因此董云衣在唐家诊所后续治疗和休养的这段时间里，唐美丽一有空就溜到董云衣的病床边，陪她说说话聊聊天，但更多时候唐美丽是什么都不说，什么都不做，只是专注地聆听，听董云衣给她讲一些关于穆斯林的事情。有时候董云衣累了，唐美丽就安静地坐在旁边默默地注视着她，在无声中体会一些无形的东西。但是这些无形的东西却不是她这种年纪能理解的，她只是将这种感受隐藏在心里，直到很多年以后才终于领悟到那些到底是什么。

也就是董云衣在唐家诊所治疗的这段时间里，大家都觉得唐美丽像个女孩子了。

“小五呀，今天是我最后一次治疗。明天开始我就不再来了，你以后有时间就到我家去玩，我给你做好吃的。”董云衣说这话时心中真的挺不舒服的。告别不是一件容易的事情，和孩子告别更不是容易的事情，更何况这是个如此漂亮乖巧的女孩子。

唐美丽听了董云衣的话后，什么都没有说。立刻站起身走出了休养室，然后急急忙忙地离开诊所回到家里。

当董云衣最后一次治疗结束，走出诊所准备回家时，她惊讶地发现唐美丽就站在诊所门口，身上背着一个书包，手里还提着一个小布包袱。

“我要跟你走，我要跟你回家。”唐美丽很坚定地对董云衣说。

这件事情惊动了唐医生全家和附近邻居，大家都觉得唐美丽真的疯了。这才多大年纪，自己收拾收拾东西就要离开家跟别人回去。而且也不说任何理由，事实上也不应该有任何理由要让她离开家，这情况真的太莫名其妙了。

唐次虞和唐太有些手足无措，根本不知道怎么办才好。他们苦口婆心地询问原因，劝说唐美丽放弃这样荒唐的想法，但唐美丽都不给予回答。

“我要跟你走，我要跟你回家。”唐美丽始终坚定地对董云衣说，而且她始终只和董云衣说话。因为她觉得这是她和董云衣两个人的事情，与别人没有关系。所以不管理由也好，决定也好，别人都不用知道，不用参与。

“好吧，那你就跟我回去吧。”董云衣柔柔地说一句，并柔柔地牵住唐美丽的手。这是她做的决定，这也是唐美丽最需要她做的决定。

“叫干妈，小五，快叫干妈。”唐太觉得现在这种情况下，让唐美丽认董云衣为干妈也是最合适的决定。

“干妈。”这一次唐美丽果断遵从了唐太的吩咐。

这一声“干妈”让唐美丽在另外一个家庭里生活了四年。而这个家庭是个回民家庭，一些生活方式与唐美丽自己家里有很大的不同，另外还有一些习俗、习惯是带有宗教色彩的。这样一个变化很大的生活环境，真不知道带给唐美丽的应该算是磨难呢还是引导呢。

唐美丽至今还记得自己被董云衣牵着手走进苏家的那一刻。

坐在椅子上的苏连元放下了手里的报纸，用一半疑惑一半惊异的目光看着唐美丽。

“叫干爹。”董云衣并没有急着解释什么，而是让唐美丽叫苏连元干爹。

“干爹。”唐美丽很爽脆地叫了声。

“哈哈，好好，有这么漂亮的干女儿那是真主赐给的福分啊。”从苏连元的笑声中便可以听出这人性格很爽朗，有一种豁达、宽厚的气度。

唐美丽这辈子感觉和自己有父女之缘的有三个人。一个就是自己的父亲唐次虞，这是个宅心仁厚、心思细腻的人。他对自己宽容放纵，任由自己天性发挥，甚至有些盲目的护犊子。另一个是大姨父李宇青，这人性格彪悍，爽直大胆，为人狂傲，自己野性的一面应该和他很相似。而他教给自己最多的也是无所畏惧、不屈不挠。再一个就是干爹苏连元，他是那种对谁都宽容大度的人，而这一点后来也成为唐美丽所追求的境界。和干爹在一起，说什么、做什么可以没有一点负担。有时候他甚至还会在暗中帮助你做一些不合规矩的事情，似乎让别人满意和开心就是他所追求的乐趣。

苏家没有小孩，家里突然来了这么个洋娃娃般的小姑娘，整个氛围一下就变得热闹起来。所以苏家所有的人都非常喜欢唐美丽，包括家里的老佣人李嫂。

干爹曾经非常感慨地说过一句话："小五来得好啊，她就是个仙女，给我们家带来生气和灵气。"

不过苏家一下变得热闹了其实很大原因是由于唐太。唐太自从唐美丽来到苏家后便舍近求远，将每天的牌局也转移到苏家或苏家附近，这样她就能常常见到唐美丽了。

而干妈也是个喜欢打麻将并且有"资格"打麻将的人，起先因为刚搬到这里认识的人不多，然后又生了场大病，所以固定的牌局一直没能建立起来。现在有了唐太的加盟和组织，家里的牌局就再没断过。

牌局不断，那么唐美丽就几乎天天能见到唐太。不过唐美丽从未向唐太提出要回家，因为她在苏家过得很舒服很惬意，而且这些真的是发自心底的感觉。

苏家很洁净，这应该是回民家庭的一个特点。唐美丽自从那次拜年之后便开始有了洁癖，所以苏家的环境应该是非常适合她的。

另外苏家人虽然已经不是纯粹的穆斯林，到了台湾之后有很多宗教习俗都不再刻意遵循，但是他们还是会在家中按七日聚礼时间做礼拜、念诵《古兰经》。特别是董云衣，她比家里其他人遵循的规矩要多一些，每日的五时礼她仍坚持做宵礼，据她说五礼中只有宵礼是主命、圣行、当然三者皆拜的，所以一定要坚持。

唐美丽经常会在夜里偷偷看董云衣做宵礼，那一刻她会觉得董云衣是无比的圣洁、庄严、优雅，就像黄婆婆家里的观音像。

虽然唐美丽经常看做宵礼，但她完全不懂宵礼中九拜的那些动作都代表了什么意思，也不知道低声念诵的经文到底是什么内容，但是她只要在旁边看着干妈认真专注地做着那些祈祷的动作，听到干妈念诵经文的声音，就会有一种宁静、舒适、通透的感觉，整个人就像从里到外被清洗过一样。而这种感觉她后来是在自己开始念诵《大般若经》的时候才再次找到。

唐美丽在苏家的获取很多，而最大的获取应该是思想上的、精神上的。四年中，她从董云衣身上潜移默化了一种坚持、虔诚的态度。也正是因为有了这种态度，她才在以后的学佛过程中不断精进，不停拓展。

在苏家除了舒服惬意外，唐美丽还感到很开心。这是因为苏家的人都很喜欢她，周围的邻居也很喜欢她，附近的小孩也都愿意陪着她玩儿，特别是隔壁的几个姐姐。她在这里不受什么约束，不被唐太强行管制，比在自己家里还要自在。

但是在苏家也不是什么都好的，有一些事情唐美丽还是不能适应的。这主要表现在两点上。一个是不能吃猪肉，回民家庭再不刻意遵循宗教习惯，这一个规矩却是万万不能破的；还有一个就是不像在家里那样可以随时向唐医生要零花钱用，干爹干妈和自己亲生父母比毕竟不能那么随意。

所以在面对这两件不能适应的事情时，唐美丽那种野性的、不守规矩的特质再次显现出来。在将苏家的情况完全摸透之后，她决定采取行动。

苏家的老佣人李嫂不是回民，她自己有家，平时不住在苏家，每天只是按时上下班。因为吃不惯苏家的饭菜，所以中午的一顿李嫂会自己带些饭菜过来，然后到吃饭的时候拿到后门外面的茶室里去吃。

唐美丽在茶室门口偷看了几次，李嫂带的饭菜好多次都有红烧肉。看着红烧肉的浓汁顺着李嫂的嘴角流下时，多少日子没有吃到猪肉的唐美丽口水也顺着嘴角流了下来。

于是唐美丽当机立断，很快摸清楚李嫂带的饭菜放在什么地方，然后每到午饭时间，她都会赶在李嫂拿着饭菜去茶室之前将她带来的红烧肉吃掉一半。

这件事情李嫂开始一直都没有发觉，只以为家里给她带来的红烧肉没有原来那么多了。直到后来有两次是她自己准备带来的饭菜，这才发现有些不对。于是那几天里特别留意了下自己的饭菜盒，终于有一次被她看到唐美丽在偷吃她带的红烧肉。

李嫂发现唐美丽偷吃红烧肉的第二天，当唐美丽午饭前再次摸到李嫂放饭菜的地方时，发现饭菜盒子已经不在那里了。她心里立刻觉得是李嫂已经觉察到红烧肉被偷，所以将饭菜盒转移了位置。于是只能一脸沮丧、满心失望地往回走。

还没等她走回苏家餐厅，却看见李嫂在后门那里向她招手。唐美丽不知道怎么回事，迟疑地站在那里没动地方。

李嫂看她没动地方，就赶紧跑过来拉着她往后门走。边走还边说："红烧肉已经热好了，你以后想吃就跟我到茶室去吃。偷吃冷肉会拉肚子的。"

后来李嫂每次都会带来双份的红烧肉，而且不止红烧肉，只要是猪肉做的菜她都会带双份。然后在吃饭的时候拉着唐美丽一起到茶室里去吃。

唐美丽每次吃到李嫂的红烧肉后，都会用她当时认为是最好的一句赞语回报给李嫂："你是好人，好人会有好报的。"

而李嫂每次在听到这句话时就像得到了最大的满足，笑咧开的嘴巴久久不能合上。

零花钱唐美丽是瞄准干爹下手的。干爹这人大大咧咧，回到家后皮包、钱包都是很随意往书桌上一放。

唐美丽注意到干爹的一个习惯，他中午吃完饭后便会往躺椅上一坐看报纸，然后报纸往脸上一盖小睡一会儿。而这个时候干妈一般会在牌桌上，所以这应该是个最好的下手时机。

第一次下手就轻易成功了，唐美丽将这成功归结于自己的胆大心细、思虑周全。想想也确实如此，一个才上小学的女孩子，能够仔细观察环境特点，然后下手偷钱时心不慌，气不乱，真的算得上是个有胆有识的将才。

这样的成功唐美丽不记得有过多少次了，但是她却永远不会忘记失败的那一次。而那一次的失败推翻了她所有的成功。

有一天的中午，唐美丽又溜到了书房门口，先探头探脑试探了两次。确定用报纸盖着脸的干爹已经睡着了后，这才蹑手蹑脚走到书桌边。放下自己书包，拿起干爹的钱包。将自己所需数额的零花钱放进自己口袋，然后迅速离开作案现场。

但是这一次才出苏家门她便意识到不对，自己将书包忘记在干爹的书桌上了。于是赶紧往回跑，再次偷偷摸摸溜到了书房门口。

唐美丽这次没有进书房，因为她在书房门口听见干爹在抱怨着：“这孩子，又不是第一次动我钱包了，怎么还这么不镇定，把个书包都忘在这里了。害得李嫂等会儿还要往学校跑一趟，要不下午上课连书都没有。”

唐美丽一下子明白了，自己每次偷钱时干爹都是在装睡。其实自己偷零花钱的行动早就失败了，或者说根本就没有成功过。只是干爹给予的宽容和理解，才让自己拥有了本不该得到的快乐和幸运。所以自己以后不管获取了什么，达到一个怎样的高度，都应该记住这是别人的宽容和理解给予的，要懂得感恩报恩。

升初中的那一年，唐美丽不得不离开这个让她感觉很舒服的家庭。因为唐医生全家要搬迁到中心街永和镇，唐美丽只能跟着一起搬走。

离开时，唐美丽抱着干爹干妈哭了好久。但她没有说一个谢字，只是在他们耳边悄声说了句：“你们是好人！”

第二部　猛女亦霸街

- 小太妹大闹竹林街
- 拜把兄弟陈启礼
- 有江湖名气，更是天生舞姬
- 签约香港邵氏影业

小太妹大闹竹林街

1958年 台北中心街永和镇

唐医生一家搬到永和镇后，唐美丽进了台北美国中学读书。虽然在干妈家生活了四年，唐美丽性格上其实变化不大。回到家里后没有一点不适应，而且很快便恢复了她无法无天、无畏野性的一面。这或许是她在干妈家的四年里只是充分享受了那种舒服感觉的环境和氛围，并没有想要刻意改变自己什么。也或许是她已经有所积聚有所改变，但是还没有到可利用、可展示的阶段。

新的家是在永和镇的竹林街上，这里是台北多个帮派势力范围的交界处。所以周围环境比较混乱，几乎每天都有各种殴斗、械斗的场面出现。而且这些帮派打斗从单挑逐渐发展为群殴，打斗的方式渐渐从拳头、棍棒发展到了长短刀具。而住在这种环境中唯一的好处可能就是让唐医生的私人诊所生意变得更好些。

每遇到街头打斗时，无辜的居民都会赶紧躲开，以免被误伤或受到牵连。但是唐美丽却不一样，这种场面让她觉得热闹、过瘾，非但不会离开，甚至还要凑到近处去细看。

就像看张小燕排练一样，唐美丽看几眼就能将别人打斗的动作记住，而且看多了之后她还能看出他们动作中的失误和欠缺。只是记得这些没什么用，街头上看到的打斗动作当然不能模仿表演给家里人看。后来她发现那些在街头斗殴中受伤的帮派成员会到自己家的诊所里来治疗，于是当每次斗殴结束后她就跑到诊所和那些受伤的帮会成员讨论他们打斗过程中的招数动作正确与否。

“其实那一棍砸过来时你只要将右脚抬起，就能在最短距离里抢先踹中对方膝盖，那么不用躲棍子也砸不到你。

“刺你的那一刀你可以不去抓他手腕的，只要用掌根直推他面门，他可能会往后仰跌，刀子也就刺不到你了。”

唐美丽每次都是连说带比划，十分热情生动。

刚开始那些帮会的人只是觉得这个小女生很是奇怪，到后来就都觉得她太啰唆。但从没人认真考虑过她所说的正确性，也或者他们根本就没有能力去考虑她所说的正确性。因为要能按唐美丽说法做到的话，这人必须具备极高的肌肉密度和身体协调性，这样才可以在爆发力和动作速度上达到最快最直接的攻击目的。

新家周围的环境虽然混乱吵闹，不过唐美丽在附近还是找到了两个可以让自己宁静的地方。

一个是她家后面的教堂，这地方给她的感觉和在干妈家的感觉很是相似，洁净，舒服，没有负担。当教堂里进行礼拜时，她能从那些传教士身上看到干妈做宵礼时才会有的圣洁、庄严。

也正是因为有这种感觉，所以信奉基督教的唐太只稍稍提出要唐美丽跟自己信教，她便爽快地答应了下来，这让唐太又开心又意外。所以回到唐家没多久，唐美丽就挂上了十字架，每个星期都和唐太一起捧着圣经去教堂，但是她并不去读圣经，也不是去听教士传教，她只是去感受那种虔诚、庄严的氛围。

还有一个能让她感到宁静的地方是要从他们家往东，走到竹林街尾端再往北穿过两座楼房的夹道，这样就能看到一片山清水秀的景色，仿佛从俗世一下闯进了仙境。这个地方有山坡，有竹林，有溪水，空气清新得仿佛都是经过过滤的。当地人管这里叫竹林岭。

竹林岭是唐美丽平时最喜欢来的地方，她觉得这里就是她的天地，可以想做什么就做什么。

其实这地方虽然幽静，但并非没有其他人来。可是唐美丽全然不管，往那坡上一站或者水边一坐，想唱就唱，想喊就喊，不唱不喊那就学张小燕的表演，哪怕那些动作是扭捏的，台词是疯狂的，她都无所顾忌，无视一切。因为她觉得自己在这里不管有怎样的表现和状态都是最自然的，做的每一个动作，发出的每一个声响都是与这竹林山水相融合的。

但是这地方毕竟不是她个人的，其他喜欢这地方的人该来还是要来的。特别是一些相恋中的年轻男女，常常会跑到竹林里、小溪边卿卿我我，勾勾摸摸。唐美丽并不在乎别人用什么眼光看她带些疯癫的表演，也不在乎自己看到别人拍拖时的热辣场面。她觉得不管自己的表演还是别人拍拖，至少都是美好的事情，让别人舒服的事情。

但是后来的情况不对了，街头上的一些小太保盯上了到这里来拍拖的男男女女。他们经常三五成群地跑过来尾随、起哄，然后还恐吓敲诈那些拍拖的男女。

这些小太保到竹林岭来横行霸道让她感觉很不舒服，他们完全破坏了这个美丽地方的宁静，搅乱了自己随心所欲的意境。于是唐美丽决定以强硬手段捍卫自己的地盘，赶走那些小太保。

于是一个美国中学的漂亮女生和一群街头小太保的冲突不可避免地发生了，那一年唐美丽才十二岁。

为了应对自己筹划的冲突，唐美丽接下来一段时间里开始了锻炼。她每天都在竹林岭上来回奔跑好多趟，而且每次走的路线都不相同。

很多报道和文章在提到唐美丽个人特点时都有一条：天生擅长运动。这一点绝对是真的，她平时基本不进行体育锻炼，只是正常参加学校的体育课，但是体育成绩却是最好的，仿佛身体里天生就有着一个强大的能量场。所以这一段时间她每天在竹林岭上上下下好多趟其实也不是真的为了锻炼，因为锻炼的人是不会挑各种不是正常人走的路线奔跑、跳跃的。

不过唐美丽却觉得自己所谓天生的运动能力是和自己小时候到处野、到处跑有着很大关系的。而这段时间奔跑于竹林岭中则作用更大，特别是她的灵活度、爆发力和耐力，在这段时间中得到很大幅度的提高。这为她后来闯舞场斗阿哥哥舞[①]以及拍摄武打片打下了

① 上世纪80年代的一种Disco舞蹈。

很好的基础。

在经过许多种路线的试跑之后，唐美丽最终选定了几条难度最大的路线。然后每天都要跑上几趟，尽量提高自己的速度和灵活性，同时也最大可能地熟悉这些路线每一处的特点。这些路线中有很大的斜坡，有过溪的垫脚石，有需要矮身钻过去的断树，有需要助跑跃过的草沟，还有需要不停折转躲避的细竹丛……这么一趟下来，就像是经过了一场连跑带跳的综合性野外训练。没有很好的体力不行，但不熟悉路线、环境更加不行。

当唐美丽可以像跳舞蹈一样优美轻松地快速通过各种高难度路段后，她决定向那些小太保挑衅。

某一天的黄昏时分，唐美丽在两座大楼的夹道口处挡住了一群小太保。

“这是我的地盘，从今天开始你们不许再来。”唐美丽如同仙湖般的目光冷冷的，有厌恶，有藐视，这些都是出自她内心的真实反应。而她斜着身体，歪着脑袋，不停颠抖一条腿的姿势，则是综合了电影里的坏蛋和现实中的街头小太保得来的形象，再加以自己夸张的表演。

那帮小太保怎么都没想到唐美丽会拦住他们。平时他们也经常看到这个长得像布娃娃一样漂亮的女生，但是从她忽而又唱又喊，忽而自言自语的样子看总觉得可能有些不正常，所以也没谁去惹她。而今天她这么自不量力地一拦，再狂横地说句“这是我的地盘”，由此可以完全确定她是个疯子了。

小太保全都笑了起来，唐美丽的表现确实好笑。不要说她一个小女生了，在竹林街一带，就是成年人又有谁敢这样拦住他们。

“走开，再发疯我们就把你扔进水里。”笑过之后，为首的小太保用很凶的口气威吓唐美丽。

唐美丽没有走开，依旧以不变的姿势挡住那群小太保。但是不管她表演出什么样的表情和姿势，实际情况都注定她是一只羊，而被挡住的却是一群已经开始狂躁的狼。

带头的小太保很不耐烦了，他横着肩膀径直向前走，准备用身体将唐美丽冲撞开。但是他的脚步却在一记突如其来的耳光声中停止了，那是一记又脆又响的耳光。带头的小太保一下就被打蒙了，一个是他根本没有想到面前的小女生会打自己，再一个也没想到这个小女生的出手如此果断快速，自己竟然连躲避一下的念头都没来得及出现。

唐美丽的想法很简单，她只是觉得如果是电影剧情的话演到这个点上应该是有一记耳光的，所以她就出手打了。而她原本准备用来激怒对方的手段却不是这个，所以耳光之后她毫不犹豫地再次出手实施计划中的手段。左手闪电般伸出，在那小太保另半边脸上重重地挠了一把，抓出了四道深深的血痕。

一巴掌把人打蒙，一把挠又把人抓醒，那小太保醒来后便不可避免的是怒火中烧。对方的反应虽然没有唐美丽想象中那么快速及时，但她总算是看到了自己想要的效果，于是立刻转身往竹林岭那边跑去。

“抓住她，大家快抓住她！”不止是那带头的小太保在喊，其他看到事情发生并且恍然醒悟过来的小太保都在喊。于是一场设计好的逃跑和一场没准备的追逐开始了。

虽然背后有很混乱的喊叫声，但唐美丽一点都没慌，用不急不缓的速度在前面跑着，她是在等那些人追上来。离目标越近，抓住目标的欲望也就越强；而抓住的欲望越强，疏忽和放弃的东西也就越多。唐美丽放慢速度就是要那些人看到有抓住自己的可能，提升他们抓住自己的欲望。

有几个小太保就要追到唐美丽身后了，还有两个小太保则包抄过来，准备从侧面将唐美丽兜住。就在这个时候唐美丽突然加速，甩开身后快追到的小太保。然后选择了一条别人根本没有想到的路径，从溪流中几块只露出些许的乱石上跳过，让对方的包抄意图落空。

这情形就像是在戏弄对方，于是那些小太保更加发狂。如果连这么个小女生都抓不住，他们日后真的没办法在竹林街上混了。但是他们今晚似乎注定要被戏弄了，刚才只是前奏，真正的戏弄才开始上演。

此刻唐美丽就像只羊，一只在乱石、林间轻盈跳跃、快速飞奔的羚羊。而那天追赶围堵他们的人则说，他们看到的是一只灵狐。在暮色、林荫的遮掩下，就像急风吹过，幻影飘过。

随着她舞蹈般的身影跳过小溪，爬上斜坡，钻过断树，跃过草沟，闪过竹丛，身后留下的是一连串的狼狈和不堪。有人跌下了溪水，滚下了斜坡；有人撞上了断树，陷入了草沟。而栽在细竹丛那里的人最多，有人被细竹抽了脸扎了眼；有的被细竹绊倒了；还有的直接撞倒在细竹丛中，身上被扎得皮开肉绽，衣物则划成了褴褛布条。

经过几番周旋，很快地，唐美丽身后一个追赶的人都没有了。

但她却没有就此结束自己舞蹈般的奔跑，就像还没过足瘾一样继续往前、往上，奔跑着，跳跃着，攀爬着，直到最终站在了竹林岭的顶上。

她一边轻轻喘息一边举头远眺，此时地上华灯初上，天上星光耀眼。而天边的繁星与灯火已经汇在了一起，分不出哪是灯光哪是星光。这景象让她胸中有一股无名的感慨涌动，有一种莫名的情感激荡，于是提气高喝一声："咿呀！"

也是这一天，香港举行的全港恰恰舞大赛中。一个帅气少年带着他十岁的弟弟参赛并获得了冠军，这人叫李小龙。

唐美丽设计的这次争斗只获取到了暂时的胜利。那些小太保过了几天便重新集结，并且打听到唐美丽的名字、所在学校和平常上学放学的路径，准备采取一次报复性的打击。但是这件事情被唐美丽的大哥唐伯龙知道并摆平了，因为他那时已经是一个更大的帮派团体竹联帮的成员，他带着兄弟们出面让那帮小太保彻底忘记了这件事情。

而唐美丽通过这事情开始接触到当时台湾极有特色的帮派文化，也意识到除了自己要有能力保护自己外还应该有很多的朋友和兄弟相互帮助。

凯蒂是唐美丽在美国中学学习后交的第一个朋友，这是个美国女孩。因为父亲是驻台湾的美军士兵，所以她跟随来到台湾，也在美国中学上学。

凯蒂和唐美丽能成为朋友是因为她们都爱玩爱闹，胆子大，敢做一些不合规矩的事情。而这些事情直到五十年后她们两个再聚到一起时仍能历历道来。

当时在美国中学里有美国学生和中国学生，但是像唐美丽和凯蒂这样的朋友并不多。美国学生大多会有一种优越感，觉得自己地位身份高于中国学生，所以很少有和中国学生交朋友的。另外美国学生间也有等级区分，这是因为他们家长在军队中的职位差异造成的，也是美军军官和士兵所能享受的待遇差异造成的。

唐美丽班上还有个美国女孩叫白丽，但是唐美丽他们这些中国学生却背后给她起个外号叫大白梨，因为她长得又高又大、白白壮壮。

白丽的父亲就是美国驻军的军官，所以她也就成了一些美国孩子的头儿。

很不幸的是，白丽看唐美丽很不顺眼，觉得像她这样很野很疯的学生根本就没资格到美国中学来学习。其实唐美丽那时候已经有极好的自控能力了，虽然没有很刻苦地读书，但是学校的规矩还是能够遵守的。之所以会被白丽认为很野很疯，是因为唐美丽从来就没把这个美军军官的女儿放在眼里，根本无视这些美国军官子女以为自己该有的特权。

因为看唐美丽不顺眼，所以白丽对凯蒂和唐美丽交朋友的事情也感到很不爽。她以一个领导者的身份多次警告凯蒂不要再和唐美丽一起玩了，否则将会让所有的美国学生不再理她。

凯蒂根本就没有理睬白丽的警告，因为她们原本就玩不到一起去。她的父亲是个士兵，虽然和白丽的父亲同在一个军营，但是吃住行等各种待遇是完全不同的。所以平时除了在学校里，凯蒂和白丽连碰面的机会都很少，更没有把她这个自封的领导者放在眼里。

唐美丽知道了这件事情之后非常激动，她觉得凯蒂是她真正的朋友。一个人不怕同类排挤、指责，不怕被同类抛弃，始终坚持和自己做朋友，这样的友谊应该是最真诚最真挚的。

唐美丽应该是在干妈家的四年中受到一些影响和引导，从而拥有了一个替别人着想的美德。特别是干爹明知道自己偷钱却装作不知，让她懂得很多时候要体谅到别人的处境和感受。而多年之后当唐美丽遭遇到一份不合规矩的爱情时，她虽然是以完全投入的痴情打破了规矩，但同时也尽量站在别人的角度替别人着想。所以始终没有将规矩的最后底线打破，尽量维护着别人的家庭，并由此得到别人的尊重。

同样是因为这样一个美德，也是因为唐美丽非常珍惜凯蒂这个朋友，所以这之后她在学校里尽量不和凯蒂接触，等放学、放假时才去找她一起玩、一起疯。

不过这种状况并没有维持多长时间，很快她们两个就又恢复成了原来的样子。而打破这状况的人就是白丽。

1960年夏天，由于那年天气特别热，就连学校都提前几天放了暑假。

但不管天多热，唐美丽都很难安静下来坐在家里吹风扇。要是不能出去玩她会憋疯，要是玩得不热闹她得憋傻，而大热天能玩得热闹又觉得凉快的事情只有游泳。那时候公共游泳池少，有钱人自己家里有泳池，没钱的要跑好多路才能到一个公共游泳池去，而很多没钱又怕跑远路的就在河里沟里游。

唐美丽的家里没有泳池，到河里沟里游泳对于女孩子来说毕竟没那么方便。再说唐美丽有洁癖，河里沟里的水她总觉得很不干净，下去的话会很不舒服。所以她每天都和凯蒂约好，坐好多站的公车去很远的一个公共泳池游泳。

“其实我爸爸军营里的军官俱乐部就有游泳池。”有一天在公车上凯蒂无意中透露出这样一个信息。

“你怎么不早说，明天我们就到那里去游泳呗。”唐美丽都没想一想，如果凯蒂能带她到军官俱乐部去游泳，那又何必坐公车跑那么多路。

“军官俱乐部只有美军军官和家属可以去休闲，我爸爸只是个士兵，是不可以到那里面去的。”凯蒂有些幽怨地说道。

“怎么可以这样的，这样很不公平的。都是舍身来为国家出力的，为什么享受待遇却不一样呢？”这可能是唐美丽有生以来第一次考虑到众生平等的问题。

“没办法，军营中等级制度很严的。进去军官俱乐部都是要查验证件的。”

“没事，我们明天试一试，就拿你爸爸的士兵证看能不能混进去。”唐美丽突发奇想。

凯蒂常在军营中进出，知道里面的严谨和森严，所以虽然平时跟着唐美丽乱跑乱闹毫不在乎，但是要做这种事情还是有些胆怯，其中很大的原因也是害怕会连累到自己的父亲。

“能进就进，被发现到了我们就说我们不知道士兵证不好进来。军营中的人总不至于因为这件事情把我们抓起来送到军事法庭吧。如果涉及到你父亲也没关系呀，就说士兵证是我们偷拿出来的，你父亲根本就不知道。而事实上我们也确实是去偷拿，也确实不会让他知道。”

“要不就试一下。”在唐美丽的一再怂恿下，凯蒂决定试一下。

唐美丽和凯蒂大摇大摆进了军官俱乐部。进门时将士兵证在管理员面前晃了下。情况往往都是这样，越是紧张慌乱越会让人怀疑，越是大大方方别人越觉得理所当然。

军官俱乐部的游泳池是室内的，又大又清爽，设施好人又少。唐美丽和凯蒂从来没有玩得这么尽兴过，两人都开心疯了。

可正当她们在泳池里欢腾着的时候，白丽突然带着几个伙伴走了进来。

“你怎么可以到这里来游泳的？”白丽首先看到了凯蒂。

“她怎么也在这里？”当看到唐美丽后，白丽更加奇怪了。

“走吧，我们赶紧走吧。”凯蒂对唐美丽说。她有些害怕了，因为之前没想到会这么巧碰到白丽。自己没有资格进军官俱乐部白丽是很清楚的，与其被她叫来管理员把自己赶出去，还不如自己主动离开。

唐美丽不想让凯蒂难做，于是朝池边游去，去拿自己放在池岸边的干浴巾。

“快走快走！你们这些泥巴坑里爬的都把我们的泳池弄脏了。”白丽叉腰站在池边上不停地吆喝着，驱赶唐美丽和凯蒂赶紧离开。当看到唐美丽伸手刚要拿到浴巾时，她抬起一脚，将浴巾远远踢到泳池里。

和白丽一起的那些美国孩子看到这情形后，响起了一阵哄笑。

唐美丽什么话都没有说，转身游回池子中，将湿透了的浴巾捞了上来。

也许觉得是在自己地盘，也许白丽现在的感觉像捉到两个小偷，也许是其他孩子的哄笑助威让她感到情绪亢奋。当唐美丽捡回浴巾回到池边，想从出水梯上来时，白丽一脚踏住出水梯最上边一根梯杠，挡住了唐美丽。

唐美丽依旧没有说话，而是重新回到水里，转而游到旁边，直接从池沿上艰难地爬了上来。

但是白丽并没有就此罢休，当唐美丽和凯蒂上岸之后，她继续用粗蛮的动作来显示自己的趾高气扬。

“快离开！不要磨磨蹭蹭的。”白丽推了唐美丽一把，觉得力度不够，就又蹬了一脚。这一脚踹在唐美丽大腿上，没有丝毫防备的唐美丽一个趔趄，差点就摔倒在光滑的瓷砖地上。

“你不要这样对她，是我带她来的。”凯蒂再也看不下去了，挺身挡住白丽。

白丽只稍稍愣了一下，随即便又恢复原来的骄狂状，因为比她矮小瘦弱许多的凯蒂站在她面前显得太缺乏气势和力量了。更何况当凯蒂站出来后，她带来的几个伙伴也拥了上来，就像一群豺狗围住了两只不知如何逃脱的羚羊。

“你带她来的，你有资格带她来吗？你自己有资格来吗？你有吗？你有吗？……”白丽边说边用指头连续戳点凯蒂的额头，并且越戳越重。

凯蒂的脑袋被戳得只能连连后仰，但她始终没有后退，用身体护住唐美丽。她情愿自己被羞辱也不愿意唐美丽受伤。而且她觉得不管怎么样白丽对自己的态度不会太过分，而对唐美丽的话就不好说了。

事后那些挨打的人回忆当时的情形，说法很多很乱。但有一点却是一致的，就是那个看似柔弱的女孩出手很快很突然。

“不要欺负我朋友。”唐美丽猛地将凯蒂拉到自己身后。

“欺负了又怎么样？我要给你们增加些记性，以后永远都别到这里来了。”白丽把目标转到唐美丽身上，伸手一把抓住了她的头发。

“咿呀！”唐美丽猛然暴喝一声，没等白丽抓住自己头发的手用上劲儿，她已经抢先将手中的浴巾甩在白丽的脸上。

湿透的浴巾在疾速挥舞的状态下其打击力不亚于棍棒，白丽刚抓住头发的手一下就松了。

但是这一击才是个开始，既然出手了就不能再给对手喘息的机会。于是第二击、第三击如疾风般持续而来，浴巾被挥舞成一朵花的样子，击打后溅散出片片浓密的水雾。

白丽在连续遭受到几记重击之后摔入了泳池里，而其他孩子则在挥舞的水雾中四散奔逃。军官俱乐部的室内游泳馆里响彻了惊叫声、喊痛声，还有湿浴巾抽打在肉体上发出的很响亮的“噼啪”声。

几年后的一天，凯蒂在美国的一场全美空手道比赛上看到一个特邀嘉宾的表演后赶紧打电话给唐美丽，说她当时痛打白丽时的喝叫声和表演嘉宾像极了，而她舞动浴巾的样子也和表演嘉宾舞双截棍的样子很像。

但是唐美丽那时并不知道这是个什么表演嘉宾，更不知道那人叫李小龙。再说她也全然不记得自己当时痛打白丽那帮人时到底是怎样一个疯狂状态了，根本无法判断是否与那个嘉宾的表演很像。唐美丽自己认为就算那天打白丽她们是有些招法的话，那也是看街上帮派打斗学来的，根本和什么空手道没半点关系。而白丽和她的伙伴们只是给了自己一次模仿表演那些街头打斗动作的机会。

唐美丽和凯蒂在事情发生之后是由凯蒂的爸爸从军官俱乐部负责人的办公室里领出来的。凯蒂的爸爸面色凝重，迈着很标准的军人步伐带唐美丽和凯蒂走出了军官俱乐部的大门。

凯蒂的爸爸是否受到上级军官的训斥和处分她们两个全都不知道。但是唐美丽却清楚记得在出了俱乐部大门后，凯蒂的爸爸将凝重的表情舒展开来，微笑着朝她竖起大拇指："OK，太棒了，你很勇敢，也很懂得珍惜友谊。"

然后又恢复认真、严肃的表情补充一句："凯蒂能和你做朋友真的很幸运，我希望你们能永远都是好朋友。"

也是从这件事情之后，她们两个在学校里恢复成了原来的状态。而白丽再没有对凯蒂发出过一声警告，也没有让其他美国学生不理凯蒂。

凯蒂在1960年离开台湾，从此两人除了偶尔通电话就再没见过面。不过当她们在2013年再次在香港重逢时，两人却都无伤无泪，就如同经常在一起的亲姐妹般坦然随意。不用追忆，不用诉思，不用承诺，因为她们彼此都坚信对方是自己永远的好朋友。

拜把兄弟陈启礼

一次竹林岭斗小太保，一次大闹军官俱乐部，唐美丽的兴趣开始有了些许变化。原来她只是喜欢做不合规矩的事情，去野去闯去冒险，去看帮派斗殴，但所有这些事情都只是在自我娱乐，并不与别人比试、竞争，更是从不会发生争斗。但从这个时候开始，她开始喜欢上了争斗时的刺激感觉。当不断出手给予对手连续打击，当看到自己的敌人倒在自己脚下，当对手最终在肉体和意志上都产生畏惧继而屈服，那种时候的感觉真的很爽，很振奋。也是从这个时候起，她开始喜欢与那些能让别人畏惧和屈服的人交往。

去过军官俱乐部之后，唐美丽便很少再去公共游泳池游泳了。这也难怪，在设施环境那么好的游泳池里体验过了，的确很难再适应人满为患、环境恶劣的公共游泳池。于是百无聊赖的她寻找到另一个玩耍的去处，那是一个不该她这种年龄女孩去的场所。但她就是在这里结交到她在台北期间的第二个好朋友，而这个朋友和凯蒂的情形也很相似，在唐美丽离开台湾后便再没太多联系。直到几十年后这个朋友前往香港求医，才与唐美丽再次相逢。这个人就是台湾第一大帮竹联帮的精神领袖、第一任帮主陈启礼。

老天在安排世间万物时似乎总是互补的、平衡的。竹林街有帮派械斗，所以也就有唐医生诊所。唐美丽家的背后有神圣的教堂，所以家对面也就有乌烟瘴气、鱼龙混杂的弹子房。这就仿佛是圣境与沙场，魔界与天堂，而唐美丽则是能够在这两种截然不同境地里来往的天使。

第一次去弹子房她谁都没有告诉，也没有人陪着，自己探头探脑地就进去了。之前其实家里人一再提醒她不要到这种地方去，就连常去这种地方的大哥唐伯龙也很坚决地制止她。但越是制止就越发撩拨起了她的好奇心，唐美丽觉得那里面肯定有非常刺激好玩的东西，所以找到个机会便溜了进去。

当时唐美丽并不知道，竹林街的弹子房已经不完全是个休闲放松的地方，它还是帮派成员碰头聚会的地方。而且在很多时候这里还会成为帮派间谈判的场所，一旦谈判不成功，当场就有发生械斗的可能。还有一件事情她更加不知道，此时以竹林街弹子房为据点的竹联帮与另外一个势力更为强大的四海帮的火并已经到了白热化的程度，相互报复的大小械斗随时都可能在类似弹子房这样的特殊场所发生。

弹子房里每天都会聚集很多形形色色的男女，但是当唐美丽这样一个孤独的小女生出现在里面后，还是引来了大家的注目和议论。像她这个年纪且无人带领就有胆量来到这种地方的女孩子真的绝无仅有，所以她在大家眼里是个另类。

唐美丽对弹子房的感觉很奇怪也很复杂，不能单以舒服不舒服来判定。首先这里并没有像之前想象的那样都是妖魔鬼怪，其实绝大多数都是像自己一样从外省来的学生，只是年龄普遍要比自己大个四五岁。

当然，在弹子房那种环境下，肯定会有不少让唐美丽感觉不舒服的人和事。就像白丽骂唐美丽是烂泥坑里爬出来的一样，弹子房这种地方真就有烂泥坑的感觉。但就是这烂泥坑里，唐美丽发现到很多适合自己性格和兴趣的东西，还有自己仰慕和喜欢的人。在这里充满了血性与豪情，在这里有很多人都是那种可以让别人畏惧和屈服的壮士。

当大哥知道唐美丽进出弹子房的事情后，唐美丽已经和这里很多人成了朋友。能够这么快被大家所接受，除了她是个一眼就会让别人喜欢的女生外，还有一个重要原因就是她在竹林岭独斗一群小太保，还有大闹美军军官俱乐部的事情早就在这里传开了。她没在弹子房露面之前，这里几乎所有人都知道唐伯龙有这样一个猛女小太妹。

不过弹子房里的另类绝不只有唐美丽一个。在这种地方如果有某位正值青春的男生不与女孩说话谈笑，那无论如何都得算是个另类。而唐美丽还真就在这里发现到这样一个另类。

那是个高高帅帅的大男孩，外相很儒雅很精明，对人也很有礼貌。但就是这个大男孩一旦站到了女孩子面前，就连一句话都不能说全，显得比他面对的女孩还要腼腆紧张。唐美丽侧面打听了下，知道了这个男孩叫陈启礼，也是从大陆随父母来到台湾的。

此时的陈启礼其实已经是江湖上的一个传奇人物。他外号旱鸭子，在1952年刚满10岁就已经进入江湖。这是因为当时外省学生都是被本省学生欺负的对象，而他不甘屈服，从此开始了用拳头说话的历程，从小学一路打到了初中。后来由于台湾太保猖獗，为了自保，13岁的陈启礼加入了孙德培的中和帮。台北那时有“十三太保”、永和帮、三环帮、文山帮等诸多帮派，其中由王姓学生组织44名青年在台大校园成立的“四海帮”则横行台大、公馆周边，一枝独大。后来中和帮老大孙德培因杀死另一帮派老大入狱，中和帮成员召开会议并在竹林街旁边的竹林岭歃血为盟，一个由200多名学生组成的“竹林联盟”就此出笼。

竹林联盟初期陈启礼曾经因为内部矛盾离开竹联自组“南强联盟”。1957年，在竹联与江湖霸主四海帮火并时，陈启礼应林国栋之邀率领大批兄弟重回竹联，开始了持续五年的两帮火并。而唐美丽就是在陈启礼回归竹联火并四海帮这段时间里认识他的。

发现到这样一个另类后，唐美丽便经常主动去逗他说话。但陈启礼除了报以腼腆的憨笑和嗯一声啊一声的附和外，从来就没和唐美丽真正说上半句话。但是唐美丽却不管，每次见到陈启礼仍是自顾自地说上一大堆有趣的或者无聊的话。这除了陈启礼听她说话时报以的腼腆憨笑让唐美丽觉得很舒服外，还因为唐美丽发现陈启礼的身上有和自己很接近的东西。这是别人都没有的一些特质，一些别人无法理解的灵性。所以唐美丽确定自己和陈启礼可以成为很好的朋友，总有一天他会主动来找自己说话交流。

事情果然像唐美丽预料的那样，陈启礼终于有一天主动对她说话了。而且说出来的话非常流利、清晰，只不过说话时的情形太过凶险、惨烈了些。

那天的一切发生得都很突然，而且是唐美丽从没有经历过的。以至于她都不知道自己处于危险的中心，明明有离开的机会却茫然地没挪地方。

四海帮的人闯进弹子房时差不多是人们吃晚饭的时间，弹子房里面没有多少人，而且还有不少是女生。这应该是四海帮事先经过踩点才确定下的最佳时机。

唐美丽刚开始还趴在弹子台上瞎捣那些球，结果把一只球打蹦出了台框，滚到对面的弹子台底下。于是唐美丽爬到了对面的弹子台底下捡球，就在她捡到了球但还没有爬出弹子台的时候四海帮的人冲了进来。

四海帮领头的是他们姓王的帮主，他气势汹汹地走到弹子房的中间。将一把短的日本武士刀猛然拔出刀鞘，然后重重甩出，刀子狠狠地斜钉在弹子台的木质边沿上。这是一种威慑，更是一种明示，今天他们为达目的将不息血流成河。

在顶上明亮灯光照射下，明晃晃一片刀光映射而出。正好落在对面弹子台底下的唐美丽的脸上。

这时弹子房里有人镇定地迎了上去，让唐美丽没有想到迎上去的人竟然就是那个见到女生就腼腆得说不出话的陈启礼。更让唐美丽想不到的是他此刻竟然完全像变了个人，儒雅被狂横替代，精明被阴狠替代。从他身上散发出的无形气势给人巨大的压迫感，让人精神上畏缩，肉体上战栗。

“什么事？”陈启礼和四海帮王帮主面对面站住，眼睛紧盯住对方，仿佛是要用犀利的目光杀死对方。

“算算账，把前两天我们几个兄弟被你们打伤的公道讨回来。”王帮主以凶狠目光相对，分毫不让。

“要怎么算？”陈启礼很平静地问。

“两种方法你们选，要么让出竹林街的地盘，要么血债血偿。”说完这话，王帮主的手轻轻按住弹子台的边沿，在距离他手不远处有他钉在边沿上的短武士刀。

虽然现在那刀子是在王帮主和陈启礼两人之间的位置上，但是王帮主距离刀子要稍近一些。而且刀柄是斜在他的这边，刀子又在他的右手侧。所以这时空着双手的陈启礼完全处于被动状态。一旦动起手来，如果试图去抢刀，将是断指断手的结果；如果不去抢刀，则是身上中刀的结果。

“把这里的女生都放出去。”陈启礼沉声说一句，而这句话则表明他选择的是第二种方法。

王帮主抬了下左手，于是后面的帮众让开了道路，弹子房里的女生都出去了。这下子可以明显看出来，留在弹子房里的竹联帮成员数量很少，只有四海帮人数的一半不到。

可能是当时的气氛太过紧张，大家都没有注意到弹子台下面还有个唐美丽。而她也不知道怎么想的，是被这场面吓住了，还是根本就没把自己当作一个女生？总之她没有跟其他女生一同出去，而且没有从弹子台下面爬出来。

唐美丽依旧蹲爬在弹子台下，那是一个和短跑蹲姿起跑差不多的姿势。而她所处的位置差不多是在那两个即将对决的主角之间，与那两人呈等腰三角状。刀子反射的光始终斜在她的双目间微微晃动，而比刀光更加坚定的目光则表明她已经确定自己下一步该怎么去做。

双方的搏斗开始得很突然。四海帮在那些女生出去后将弹子房的门反插上，也就在铁门栓把手落下与铁门框撞击发出“当”声的刹那间，陈启礼和对方同时出手了。

王帮主伸手去抓刀柄，而陈启礼知道自己不可能在对方之前抢到那刀。所以他的右手直接冲拳攻击对方面门，左手顺势朝刀柄靠近。他采取的方法是要先阻止对方拿到那把刀，然后自己再去抢刀，但是冲拳打到对方的距离是对方拿到刀子距离的双倍，这种方法阻止的成功性很小。

“咿呀！”在双方对决主角的中间突然响起一声尖叫，这突兀的喝叫声让所有人都惊愣了一下。而这种状况下出现惊愣势必会让已经开始的动作慢下来半拍，所以一个更快的身影抢在了他们前面。

唐美丽动作真的很快，就像一只灵狐。能具备这么快的速度很重要的一点是要有足够胆量、足够镇定。另外那两人正以目光对战，谁都没有注意到她的存在，更没想到还有人会抢在他们中间夺刀。而唐美丽突发的一声喝叫也让两人动作上出现了迟滞。所以三个人中距离那把刀最远的唐美丽能够在那两人发生肢体冲突之前抓到刀柄，并顺势滑到这边弹子台的下面，然后快速从弹子台的另一边滚出来。

陈启礼一拳击中了王帮主，王帮主中拳后连续往后跌退。他没能及时躲让，也未能及时反击，因为他正奇怪自己怎么没能拿到那把刀。而陈启礼一招得手之后也未及时追击，他也在奇怪对方怎么没能拿到刀子。

但这时的状况已经不容任何人有闲暇思考一些意外是怎么发生的，整个弹子房里已经打成了一片，双方之间刀光棍影，砖石乱飞，鲜血四溅。而唐美丽便在这片混乱中左躲右闪，前跳后蹿，就像在击打声、喊叫声的伴奏下，在刀光血色的衬托下舞蹈，而且抽冷子还能给对方成员使个绊子，踹上一脚。

陈启礼很能打，他从小学开始每次下课就与欺负他的本省学生打斗，从无间断。所以下课的铃声也就是他上擂台的铃声，而且这种情况一直持续到中学，无数次打斗磨炼出来的他实战经验非常丰富。但是今天对方人数实在太多，他已经将手中的一根弹子球棒打折成几段，却始终无法将前赴后继的对手打退。而且这时竹联帮的人已经被四海帮成员分逼到了几个角落里，就连陈启礼自己也被几把刀子给逼到了墙边，冲不出去也无处可退。

“把刀给我，快把刀给我！”这是陈启礼对唐美丽说的第一句话，很大声很清晰。

唐美丽想都没想就把手里的刀扔给了他。陈启礼接刀在手，随即刀光过处一路血飙。

而唐美丽扔出刀子后立刻捡起弹子球朝着持刀围攻陈启礼的几个人扔过去，刀子和弹子球的同时攻击让那几个人手忙脚乱，应接不暇。

这时候弹子房门外也开始闹腾起来，过来增援的竹联帮成员和守在弹子房门口的四海帮成员动手开打了。奋勇冲在最前面的竹联帮成员是唐美丽的大哥，因为他听说自己的妹妹被困在了弹子房里面没能出来。

四海帮的人最终放弃了弹子房里面的困斗，打开弹子房门冲杀开条路退走了。而此时弹子房里面剩下的人依旧能站立住的已经没有几个。陈启礼站着，不但站着，他还在四处寻找着什么。

唐美丽也站着，场面如此混乱的一场大战，她身在其中竟然丝毫未曾受到损伤。这又一次印证了游方道士所给算论的准确。

陈启礼终于把要找的东西找到了，是那把短武士刀的刀鞘。他用袖子擦了擦刀上的鲜血，插回刀鞘里，然后递给唐美丽。

“这是你的战利品，用血洗过了，留着辟邪。”

唐美丽接过那把刀，顿时身上热血沸腾，胸中豪气贲张。

“还有，从今天起，你我就是兄弟了。”陈启礼拍拍唐美丽纤弱的肩头。

这时候唐美丽才有些明白，陈启礼为何突然变得在与自己说话时没有一点拘谨和腼腆，那是因为他现在根本没有将自己当个女孩，而是当作兄弟。不过通过那天陈启礼的表现，唐美丽看出这是个有着龙风虎威的人，有这样一个人当兄弟是值得荣耀的事情。所以在那之后很长一段时间里，唐美丽去哪里都会在腰里挂着那把短武士刀。而她的一头长发也在这之后剪成了短发，并且再未曾留长过。

也是通过这场打斗，唐美丽发现到竹联帮的武器和实力并不占优势。她想起自己在竹林岭上诱那些小太保追赶时，最后好多小太保都被细竹丛扎伤。于是给陈启礼出个主意，制作“竹枪”对敌。竹子易得，竹质坚韧，削尖的竹子犹如长矛。即便被砍破变成了竹片、竹皮，也依旧有很强的攻击力。后来这“竹枪”成为了竹联帮在帮派火并中的制胜武器，多建奇功。

遭遇到这种打打杀杀的事情，即便最终有惊无险，但在唐医生、唐太认为就是遭遇到了磨难。于是千方百计阻止唐美丽再往外瞎跑，更不准到弹子房去。

而对于唐美丽而言，被关在家里那才是真正的磨难。不过弹子房血战之后不久，她的磨难真的来了，真就被关在了家里不能出来。

这一次可以算是唐美丽出生以后遭遇的最大磨难，而且是双重的，有肉体上的更有精神上的。

唐美丽得了肝炎，这是肉体上的磨难，这磨难她还能承受。但是生这种有传染性的病症本来是要被隔离在医院专门的病房里的，而唐家就是诊所，唐爸就是有名的西医，所以唐美丽是休学在家，每天被关在屋子里吃药挂水。不过这样一来不要说出门了，就连下床都是很难得的，这属于精神上的磨难。每天只能看到窗户大的一片天空，这让她想起小时候邻居家那只被自己放走的娇凤鸟。当时放它是因为看它被关着不舒服，而现在自己却和它一样被关住了，却没有一个人来放自己出去。

二姐知道唐美丽生病在家会很无聊，所以每天一放学就匆匆往家赶，早点回去陪陪小妹。说些学校里好玩的事情让她开心开心，这样病才好得快。

二姐放学会经过一家水果店，这家水果店也是归竹联帮管理的，所以经常会聚一些竹联帮的成员在这里。

“二姐，听说你家小妹生病了。这篮子水果你带回去给小妹吃，算是我们对她的慰问。”

二姐这天在水果店门口遇到了竹联帮的豆腐干和红鹅等几个人，

豆腐干无论如何要塞给二姐一篮水果，让她带给唐美丽。旁边红鹅和几个帮里的成员也帮着劝，一定要二姐将水果带给唐美丽。

二姐没有办法，只能勉强接过水果篮，拎着回家了。到家后把篮子直接送到唐美丽的床边。

这时候大哥唐伯龙和陈启礼正在弹子房里聊天，见豆腐干和一群人嘻嘻哈哈地走了进来。大哥便好奇地问一句“什么事情这样开心啊？”

“是这样，中午的时候大家议论你家小五是女中豪杰胆气过人，可豆腐干不服，偏要试一试。所以刚才在水果店门口他让你家二妹给小五带了一篮水果回去了，然后在水果下面藏了一条环纹赤蛇。”旁边有嘴快的一股脑把事情都说了出来。

“什么？你这混蛋！”大哥和陈启礼同时跳了起来。

陈启礼没有说第二句话，挥手就给了豆腐干兜头兜脸一个大巴掌。被打的豆腐干刚要把头回过来，又一巴掌下来了。再要回头，还是一巴掌。

豆腐干知道这头不能回了，只好始终把头扭转着，抬起手臂护着脑袋。同时急忙解释：“听我说，大哥听我说。那环纹赤蛇我是拔了毒牙的，不能伤人，只是试试小五的胆量。”

“人家一个小女生，你拿条蛇吓唬她，要是吓坏了我绝饶不了你。大哥，你赶紧回去看看，最好那个果篮还没动。”

陈启礼话还没说完，大哥已经冲出了弹子房大门。

大哥一路奔跑着进了家门，然后直奔唐美丽的房间。推门刚迈进去一步，迎面一条蛇吐着信子扭着身子朝他扑来，吓得他猛然一个退步，脚跟一绊跌坐在地。

“咯咯咯，大哥，瞧你吓这样子，亏你还是外面混江湖的。”唐美丽一边笑着一边在手中盘弄着那条环纹赤蛇。

原来唐美丽早就在水果篮里发现到这条蛇，一直都拿在床上玩。刚才看到大哥匆匆忙忙进了院子，于是赶紧从床上下来，躲在门背后突然拿蛇出来吓唬一下大哥。

“快扔掉快扔掉，这东西吓死人了。”大哥还没从地上起来就已经嚷嚷道。

“干吗扔啊，我这么多天在家里一个人无聊极了。好不容易人家送我条蛇，我要留着玩儿的。”

当然，唐医生家绝不会有一个人同意唐美丽养条蛇玩，唐太要知道家里有条毒蛇的话会连家门都不敢进的。没有办法，唐美丽只好把蛇装在一个纸壳子里让大哥拿走了。

这件事情之后，唐美丽的名头不单是在竹联帮里人人皆知，就连附近其他帮派的人也都听说了。所有人对这个小姑娘的胆识和实力都十分钦佩。而唐美丽虽然和竹联帮关系很好，实际上却并不属于任何一个帮派。这样一来她反倒成为一个可以毫无顾忌在各个帮派势力范围内走动的人。其他那些帮派的人即便不给她一些照顾，至少也不会去惹她。这种状况带来的最大好处是方便了唐美丽的活动范围，让她能够在之后不久出现阿哥哥舞热潮时到处闯舞会、斗舞技。

有江湖名气，更是天生舞姬

1962年，唐美丽16岁。都说女大十八变，越变越漂亮。这句俗语在唐美丽身上得到充分体现。有人说唐美丽小时候叫可爱，上学后叫漂亮，而到了高中以后完全发育起来的唐美丽只能以妩媚两个字来形容。天生仙湖般深邃神秘的目光，端庄秀丽的面容，妖娆多姿的身材。这三个美的概念其实差别是很大的，但在唐美丽身上却结合得那么圆满，毫无瑕疵。

长得很美的唐美丽还特别注意自己的装束打扮，从高中开始她便引领着最为时髦的服饰风格。再加上她擅长运动，喜欢对抗的刺激，所以当一种将运动、美丽、刺激集中在一起的时髦舞蹈兴起后，唐美丽便不可避免地与之结下了不解之缘。

唐美丽很早就会跳舞，对于这方面她也有着一种无法说清缘由的天赋。最开始是看张小燕排练时她学到的一些舞蹈动作，然后自己再加些动作就能编排成一整套舞蹈出来。后来在学校里参加一些活动时学到一些民族舞蹈，而这些舞蹈动作她全都能将它们运用到阿哥哥舞里面。至于那些三步四步华尔兹什么的，她都只需要坐在舞池边上看了一会儿就知道怎么跳了。

最开始唐美丽喜欢在舞厅、夜总会这些地方跳舞，她可以从下午夜总会开始营业一直跳到打烊。夜总会的混乱比弹子房有过之而无不及，一个小女孩子混迹其中能安然无事，是因为她自己在江湖道上有很响亮的名头。那些帮派的人招惹了她不但没有实际的意义，反而可能惹祸上身，并且会遭到江湖上的耻笑。

但唐美丽在参加了几次私人舞会后就不再去夜总会了，就像她再不去公共游泳池一样。台北的达官贵人多，经常会在自家别墅搞一些私人舞会，私人舞会的环境、设施、酒饮供应都让唐美丽感觉很舒服。所以喜欢跳舞的她便成了这种舞会的不速之客，只要让她知道了哪里有这样的舞会肯定会闯过去。根本不管是什么人组织的，又是什么人的地盘。

不过不管什么人组织的舞会，有这样一个美丽的女孩能主动参与，主人都是会十分欢迎的，而且觉得很有面子，但是唐美丽的出现每次都会让好多人感觉没有面子。有些人原本是舞会中被关注的重要人物，但由于唐美丽的出现而被抢尽了风头；有些原本是这场舞会最艳丽的舞会之花，但是因为唐美丽的出现而花颜尽失；还有些想借邀舞而与唐美丽接近的，但因为唐美丽对其感觉不舒服断然拒绝后而大失面子；而最没面子的是想借跳舞之机在唐美丽身上吃点豆腐揩点油的，他们往往在自己意图还没完全达到之际，就已经在唐美丽几个灵巧的舞蹈姿势带动下，或仰跌，或趴摔，或撞人，或扭脚……窘相百出，狼狈不堪。

唐美丽最擅长最喜欢跳的还是阿哥哥舞，因为这舞蹈可以完全地自我发挥，自我展示。在激烈的音乐声中，尽情表现自己每一个最美的瞬间、每个最为妖娆的极限姿态。

也正因为这种舞蹈可以最大限度地展现自己，所以它渐渐演化成为一些男女在舞会中比试的方式。最初这种比试方式只是看谁能应和音乐跳得更美更妖娆，看动作的编排是否新奇炫目。但这样比试没有准确的衡量标准，结果往往争议极大，最终还是谁都不服谁。于是当两个或者更多舞者舞姿无法明显分出优劣时，旁边人便会无时限地延长音乐的播放。这就不单要比试舞姿，而且还要比试体力。一旦体力吃不消，那么舞姿就会变形，或者直接就由于无法承受退出比试。

所以阿哥哥舞是每场舞会的高潮，所有人都会在这个时候变得最为亢奋。而唐美丽似乎每次都会成为音乐声中最后一个仍在尽情舞蹈的人，她喜欢那一刻的感觉，拿她自己的话说“就像是在飘浮着、盘旋着往上升腾，而天上有个极乐世界在接引着自己”。

但是唐美丽在使馆区的一个舞会上终于遇到了对手，而且是两个。一个是大学里的女学生，曾经练过芭蕾，现在也擅长阿哥哥舞；还有一个是让唐美丽感觉很舒服的年轻男子，这年轻男子带一些异国血统，气质很是优雅，舞蹈动作很宫廷，像是经过很正规的训练。其实在舞会的前半段他已经邀请唐美丽跳过一曲舞蹈，而不跳舞时他则一直端着酒杯喝酒。唐美丽之前两次到饮料台取饮料，都看见他站在一大堆酒杯那里豪饮，所以对他有很深刻的印象。

阿哥哥舞开始后，舞池中如狂浪起伏、跌宕盘旋。但这潮头很快就退去，两首曲子播完之后，舞池中只剩下了一半不到的人。但这时气氛才刚刚起来，因为刚才大家都在跳，纯粹是自娱自乐。现在退下来了一大半的人，这些人虽然自己不跳了，却都围在舞池边拍手，呼喝着助威。而舞池中剩下的人便如同角斗场中的角斗士，开始了真正的舞斗。

当舞池中只剩下五六个人时，唐美丽注意到了她的两个对手。这两个人的舞蹈动作有些像是组合。年轻男子双目半闭，很享受的样子，好像完全忘记了周围的一切。他的动作幅度很小，显得很随意很轻松。但一招一式看着很舒服，有一种游龙戏水般的感觉。那个女生的动作幅度则很大，不单是身体，还有步法。但是舞姿表现得也很轻松，可以不时从她的动作中看出芭蕾的味道来。女生似乎是有意识地围着那年轻男子在舞蹈，两人同样轻松的动作看着很搭很合。

舞池中最终只剩下了他们三个人，而此时周围的气氛达到了最高潮。像这样狂热的高潮是唐美丽之前闯过的所有舞会都没有的，周围人一边拍着手一边高声呼喝。他们好像是在齐声喊着一个人的名字，但由于音乐声太响，唐美丽并没有听出喊的是什么名字，但可以肯定喊的不是自己。

又过了四首曲子，已经跳了近四十分钟的样子，三个人仍在继续。周围的人已经喊不动，拍不动了，一个个都瞪大着眼睛直愣愣地看着场中三个人。这时虽然没有高潮的热闹气氛，但紧张程度远远超过了刚才的高潮。

唐美丽脸上的汗水已经帘子般挂落下来。女大学生已经开始大口喘息，而那个年轻男子也不再双目半闭，而是睁大了眼睛死死盯住唐美丽。

这时候唐美丽发现自己吃亏了，那两个人舞蹈的动作是相互有配合的，这样就有交替的段落。而这段落正好可以给其中一人喘口气的间隙。

又过了两曲，唐美丽已经开始感觉不到舞蹈的快感了。虽然她相信自己能够坚持、坚忍到最后，但她不想将快乐的事情变成磨难，并从此以后对其产生厌恶感。于是她决定最后再用一段即兴的动作来结束自己的舞蹈。

唐美丽的舞蹈动作变化得很突然。前面为了能和对手相持，她已经改成较为舒缓轻松的动作，以便尽量保持体力，但在心中暗自决定用一段舞姿结束自己今天的舞蹈后，她便再次完全放开了。

有很多人记得唐美丽那天的这段舞蹈动作，因为他们之前和之后再没见过这样独特的舞姿，那舞姿有力道，有速度，有幅度。有人说她像是在奔跑跳跃；有人说她像是在旋转闪躲；有人说她是在挥臂格斗。而在那一刻唐美丽的脑海里是自己在竹林岭上奔跑，是自己在泳池边挥舞湿透的浴巾，是自己在弹子房里的刀光血影中穿梭。这是在用生命的经历跳舞，她已经完全投入在这段舞蹈中了。

音乐停止了，周围响起一片掌声。最终留在舞池里的还是唐美丽，而她自己却显得有些茫然，不知道是怎么回事。

刚才唐美丽完全投入到舞蹈中了，所以并不知道当自己最后一段舞蹈的动作展开后，那年轻男子立刻停止了自己的舞蹈，紧接着那个女大学生也停了下来。他们一直定在那里看着唐美丽将这段舞蹈跳完，这才走出舞池站在周围的人群中一同鼓掌。

舞会的音乐换成了最为缓和的两步，但是唐美丽却在这个时候溜出了大门。最为开心兴奋的时刻已经过去，那么今天的舞会就再没有什么让她留恋的了。

“就这么走了？不认识一下？”背后有个声音叫住她。

唐美丽站住回身，看到从屋子里追出来的那个年轻男子。

“好呀，认识一下。我叫唐美丽，你呢？”唐美丽很爽快，是因为这个年轻男子给她的感觉很舒服。

“我叫蒋孝文。”

“你是……”唐美丽当然熟悉这个名字，在台湾可能没有人不知道这个名字。难怪这个男生有着与众不同的气质和气度，他竟然是蒋中正总统的长孙。同时唐美丽也想起来了，阿哥哥舞进入高潮时，旁边人齐声喊一个名字，那喊的应该就是“孝文”。

“你的舞跳得太好了，以后我能邀请你一起参加舞会吗？”蒋孝文脸上是一种期盼的表情。

“没问题，但是两个条件，老年人的舞会不参加，还有跳完阿哥哥舞就回家。”

“一言为定！”蒋孝文面露惊喜，他没有想到这么顺利就邀请成功了。

有蒋孝文带着，唐美丽出入的都是最高档次的私人舞会，但只持续几次之后，他们就再没一起跳过舞。因为蒋孝文怀疑妻子外遇而爆发家庭矛盾，酗酒更加厉害。于是后来再不参加舞会，而是每天直接去酒吧喝个烂醉。

蒋孝文应该算得上唐美丽在台北认识的第三个好朋友，只是与这个朋友的交往太短暂了。

没有蒋孝文带着参加舞会也并非不是好事，唐美丽在这之后便直接闯入了舞蹈比赛，并且在几次舞蹈比赛上都成为阿哥哥舞的最终胜者，被人们冠以“阿哥哥女郎”的称号。从此之后唐美丽跳舞的名气比她的江湖名气还要响亮，所以经常会有人特地前来邀请她参加一些舞会。很长一段时间里，能邀请到她参加舞会成为了舞会组织者的一种炫耀。

签约香港邵氏影业

而这一年，唐美丽除了被冠以“阿哥哥舞女郎”的称号外，她还多出了另外一个身份，那就是中影第一期演员训练班成员。

宿命也好，磨难也好，似乎一切全是老天安排好的。唐美丽是因为一次非常偶然的路遇而当上了演员训练班成员的。

唐美丽记得非常清楚，那天上午她是从对面的弹子房出来。这天和她平时玩得好的几个兄弟都不在，否则她不会这么早就往家里走。

走到家门口时，她刚好看到邻居家的小帅哥杨帆，杨帆今天穿着打扮很特别，白色短袖，米色长裤，皮鞋铿亮，然后还抹了发蜡梳了个非常滑溜的发型。杨帆本来就非常帅气，这么一打扮更显得英俊潇洒，但是不知为什么，今天的杨帆显得有些心神不宁，穿着很挺括，神情却有些怯懦。

“咯咯咯”，唐美丽看到杨帆的打扮后大笑起来，就像当初笑张小燕一样。

“你笑什么？”杨帆显得更加心虚了。

“咯咯咯，你这打扮看着不像你自己了，不是，简直就不像个真的人。”

“我这是要去考试，不然才不会穿成这个样子呢。”杨帆赶紧解释道。

“考试？考什么试要打扮得连自己都不像？”唐美丽感到奇怪。

“我下午要去参加中影演员培训班的考试。”

“考演员啊，那你这样子肯定能考上。演员嘛，就是要演得自己不像自己，演得人不像人才行。去吧，你通过了。”唐美丽样子好像主考官似的。

“你别安慰我了，我心里紧张着呢。唐美丽，你胆子特大，下午你要没事就陪我去一趟呗。对了，索性你和我一起去考。你又会跳又会唱又会表演，肯定能考上的。”杨帆突然觉得唐美丽真的是个适合当演员的材料，于是极力怂恿。

“是吗？我能行？”唐美丽评论别人一套一套的，到自己这儿反没了信心。

“你能行，你肯定能行！”

唐美丽此刻并没有注意听杨帆说的话，而是回想起一幕幕的场景：张小燕在排练，自己在偷偷模仿；自己模仿张小燕的表演给家里人看，大家给予掌声；自己在竹林岭上，放声歌唱，然后还扭捏作态模仿表演。

“是的，我行！别人能行我也能行。”唐美丽心里很坚定地对自己说。

这天下午，经过一番打扮的唐美丽和杨帆一起去了考试现场。她的出现让考官眼前一亮，他们已经很长时间未曾在考生中发现这么漂亮的女生了。然后唐美丽连跳带唱外加表演彻底将考官们镇住了，这简直就是个天生的演员。最终唐美丽是以最高分考入了中影第一期演员培训班。

杨帆也考上了，即便他考前紧张，考时很烂，但他还是像唐美丽说的那样考上了。所以杨帆觉得唐美丽很神奇，而之后他也特别注意唐美丽说的话，并且发现有好多事情她都能预先说出准确的结果来。

中影培训班的日子很苦，说是培训班，其实真正学习的时间并不多，而是不断将他们安排在各种电影里跑龙套，打下手。那段时间里，台湾中影拍的都是一些描写贫苦、艰难的影片，培训班的学员几乎整天都穿着破衣烂衫坐在拍摄现场随时等待召唤。

唐美丽应该是所有学员中最不适应的一个，她平时就穿着时髦，喜欢漂亮，非常注重自己的形象。所以跑这样的龙套让她感觉非常不舒服，就像是在遭受一场磨难。

如果是别人，即便心中不舒服、不愿意也就忍了。唐美丽就算能忍得下，却也是不说不痛快的。所以她不止一次在培训班老师和导演们面前发牢骚，认为应该给他们这些学员更多学习的时间和尝试更重要角色的机会。

出头的椽子先烂，虽然唐美丽不管形象还是才艺都是佼佼者，但对于她这样无视权威的做法依旧让一些人不能容忍。于是培训班负责人当面给予了警告，话很重，说如果唐美丽觉得无法适应这种状况的话可以提出退学。而导演那边则有人从唐美丽所发牢骚里找到非分之想的机会，有一个副导演就偷偷过来找过唐美丽，说可以替她安排更重要的角色，只是这样做的话是要唐美丽付出些代价的。

唐美丽不是傻瓜，她知道自己既然入了这一行便不能和负责人、导演们闹得太僵。如果真的闹起来了，就算暂时的胜者是自己，但最后肯定会遭到这一行的排斥。所以在被负责人警告和副导演要求代价后她并没有做出任何反应，只是当没有这回事就算了。

不过她在闲聊时还是把这些事情说给二姐听，而她未来的二姐夫就是竹联帮的成员豆腐干，所以这些事情很快就传进了竹联帮。于是那培训班的负责人很快就被提出了更加严重的警告，那个要代价的副导演也很快就付出了些真正的代价。所有这一切都是陈启礼派竹联帮的兄弟替她搞定的。

陈启礼将自己当兄弟，为自己出头的事让唐美丽很感激。但她知道这样一来对自己将来的演艺之途只会有副作用。作为一个导演或制片人来说，谁敢用一个有帮派背景的、稍不注意得罪了就可能引来杀身之祸的女演员当主角？

不过这两件事情之后培训班成员跑龙套的事情倒的确少了很多，上课培训的时间有了大幅度的增加。演员培训班的学习让唐美丽的性格、气质有了很大的改变，她的野性、张狂大幅收敛了，而妩媚、娇柔的一面开始凸显出来。

1965年，唐美丽从演员培训班毕业的时候，竹联帮已经完胜了四海帮，将其地盘尽数收归竹联帮。然后又与文山、宇宙、飞鹰等帮派火并，势力迅速发展起来。陈启礼由于善于经营，勇而多智，所以在帮中的地位快速上升。而他一直都将唐美丽当作与自己并肩血战过的兄弟，钦佩唐美丽的胆识勇气，所以只要是唐美丽这边的事情，他都尽量做得面面俱到。

唐美丽毕业之后并没有能马上接到什么电影角色。不过她的舞蹈却是名声在外，再加上嗓音也不错，因此舞台演出的合约倒是接到不少。

唐美丽每次登台演出，都有不少竹联帮的兄弟过来送花捧场，很多时候陈启礼还会亲自过来。有些演出的地点是在偏僻地区的小舞台，观众的整体素质比较差，表演现场会比较混乱。一旦有这样的演出，陈启礼便会派几个竹联帮的兄弟给唐美丽压台，并且负责她来去路上的安全。

这样一来唐美丽和竹联帮的关系便闹得世人皆知。而此时陈启礼正好在竹联帮各堂口之外又组建了“竹联十三太妹”的堂口，作为竹联帮的外围组织。于是有人风传唐美丽便是竹联十三太妹的堂主。

陈启礼和竹联帮的兄弟们都是好心，但是造成的结果也就像唐美丽预料的一样，没什么人再敢用她做主角拍戏了。

虽然毕业之后她也在好几部电影中担任了些不重要的角色，但其实这也正是导演、制片人惧怕唐美丽背景才会有的正常表现。他们既怕给了唐美丽主要角色而最终由于驾驭不了她而导致电影拍砸了，又怕不给角色竹联帮会找自己麻烦。所以就挑一些无关紧要的配角给她演，随便演成什么样都无所谓。

这种情况是对唐美丽更大的磨难。一边是兄弟们真情真意的支持和付出，自己不能拒绝也不该拒绝。但是事实上接受得越多，自己演艺事业的前景就越是渺茫，而此刻她已经深深地爱上了演艺这一行。所以她也不断地问自己，两者间关系应该如何处理？自己的下一步该何去何从？

又似乎是老天早就安排好的，让唐美丽受尽磨难之后再次逃出生天。一个非常欣赏唐美丽的台湾导演潘磊分析了她的状况并给她提供了帮助。

“从两个方面讲，你的处境都不适合再在台湾发展。一个是你的帮派背景，还有一个是你的个人特点。所以最好的办法是离开台湾，找到一个和你帮派背景没有任何关系的地方，而且这个地方最好是适合你个人特点的。”潘磊的言语很中肯。

“有这样的地方吗？”唐美丽不惧怕去任何一个陌生的地方，怕只怕没有这样的地方。

“有，香港。那里的影视行业更加开放，题材和表现手法更加现代，许多片子从筹划到发行都是走的国际路线，很适合你的性格和个人特点。到了那里你就是一个崭新的开始，没有了后顾之忧。但是香港那地方少人情，多竞争，你必须完全以自己的能力独立打拼才有出头之日，这需要更多的勇气和坚强。”

“没有问题，只要香港给我机会，我就肯定能打造一个更为杰出的自己。”唐美丽信心满满。

“机会现在就有，香港邵氏电影公司要从台湾招收一些艺员，我可以将你推荐过去。”

唐美丽永远记得这段对话，几十年后她依旧能复述得不差几个字。因为她说这是她人生的又一个开启。

邵氏电影公司全称邵氏兄弟（香港）有限公司，创始人及总裁是著名电影制作人邵逸夫。而负责和唐美丽签订合约的是当时在邵氏公司任职的另一个著名电影制作人、后来的嘉禾公司的创始人邹文怀。

当时是邹文怀代表邵氏公司前往台湾挑选演员并签订合约的，对于唐美丽来说，最早认识的香港影视业人士就是邹文怀。而邹文怀也算得上是发现了唐美丽这匹千里马的伯乐，所以之后在香港发展期间，唐美丽对邹文怀还是相当信任的。

签约那天潘磊也在场，因为唐美丽是他竭力推荐的，所以为了表示自己对双方都是持负责态度的，他主动陪唐美丽前来和邹文怀签约。这其实也是追求圆满的一种做法。

那天邹文怀坐在办公桌后面端详了唐美丽好一会儿。之前他已经听说唐美丽的容颜出色，也听说了她在台湾的一些事情。但是当真正见到本人时还是很有感触，面前这个女孩不止是简单的漂亮，而是从骨子里透出一种妖冶、仙魅混合而成的气质。让人觉得在她的身体里藏着一个狐精，又藏着一个仙女，这是他见到过的无数女演员中绝无仅有的。所以她在台湾的那些事情一点都不奇怪，只有具备这样一种气质的女人才有可能做出一些无法无天、别出一格的事情来。

邹文怀将合约放在唐美丽的面前，没有说任何话。唐美丽很快在合约上签上自己的名字，也没有说任何话。两个人就像在进行一种神圣的仪式，但这个仪式所确定的关系却并不只是合约范围内的，似乎还有他们个人之间范围更广的合作关系。

不知道为什么，邹文怀当时给唐美丽的感觉很是复杂。她觉得这个人会给自己带来更多，会引导自己走得更远，但是一切的一切都不知是福是祸。

“唐美丽，名如其人，但是这个名字太俗了一点，不利于艺员的发展。你应该再另起一个更加雅致些的艺名才行。”签完约之后，邹文怀给唐美丽提出一个建议。

“邹先生觉得我应该起一个什么样的名字比较合适呢？”唐美丽是真诚请教，对于咬文嚼字的东西她真的不行。

“呵呵，不是你起个什么名字合适，而是什么名字才能合适你。对于这个我倒真不敢给你建议，你可以找这方面的专业人士问一问。”

唐美丽不知道所谓的专业人士是指什么人，正当她想要继续追问时，旁边的潘磊开口了：“取艺名这件事你别着急，我等会儿找人帮你算一算，然后再确定起个什么名字比较合适。”

签完合约之后，潘磊带唐美丽来到附近的一家酒吧，轻车熟路地就找到了一个正在喝酒的胖老头。

“这位是道家狐仙派的白大师，最擅长看风水定建址，还有起名祈福。而台湾的很多公司、店铺也都是他选址和命名的，就连我们公司很多电影的名字也都是他选定的。”

唐美丽看了看这个被称作大师的胖老头，从相貌体态上真瞧不出一点仙风道骨来。但他架着一副黑框眼镜穿了一身绸质唐装，让人觉得至少应该是个很有学问的人。

“那么大师给人起名字肯定也是很拿手的了。”唐美丽知道潘磊带自己来找这老头的真实目的。

“当然了，给人起个好名字对白大师来说是很初级的事情。”潘磊这倒不是替白大师吹捧，起名字对于白大师来说真的是基础科目。

“唐小姐家有新添人丁需要起名字吗？我可以免费服务的。”白大师对唐美丽很是殷勤。这应该不是因为唐美丽长得漂亮，而是由于她身上有着让白大师非常愿意亲近的某种灵性。

“不是，是我自己取名字。我现在需要一个合适的艺名。”唐美丽也不客气，很直爽地说出了自己此行的目的。

“那没问题，我现在就可以帮你推算下命理运数，给你起个最为合适的艺名。”白大师说完这话一仰头将杯中的酒喝完，然后从吧台上又拿起一个斟了酒的杯子。“来来，我们到边上那沙发上去坐，你把生辰八字报给我，我给推算下。”

唐美丽、白大师还有潘磊在旁边沙发上坐下后，唐美丽将自己的生辰八字报给了白大师。

白大师听唐美丽报完生辰八字后，皱着眉头掐着手指推算了半天。这期间又灌进去两大口酒，将面前刚拿的一杯酒喝完了。于是唐美丽到吧台那里帮他又要了一杯。

终于，白大师抬头舒了口气，眨巴了下已经被酒精浇灌得有些蒙眬的眼睛对唐美丽说：“唐小姐人好命却不一定顺啊，虽然多遭风险能有惊无险，但多惊险便会积磨难。改个名字是好事，好的名字可以消难解困，将命数调整过来。”

白大师的说法和唐美丽小时候游方道人给她推出的算论极为相

似，所以唐美丽此时已经觉得这个白大师是个高人，值得信任。

“从你命理看，自身是有很多条件可以到达顶端的层次，所以要想有助你走到最高，艺名的第一个字应该取个最靠前的，不管是以什么规律算都可以。”

“什么最靠前？什么规律？”唐美丽真的没有听懂。

“那就取个丁字，它的笔画最少，从笔画排序中是排在最靠前的。”旁边一直在认真听的潘磊插了一句。

“可以呀，丁字很好。然后你命数中有个很重要的人，要想与他契合长久、不分不离，那么你这名字中最好还要带有暗三。”

这话唐美丽更加听不懂了，不但她不懂，就连一旁博学的潘磊也都没听懂。

幸好白大师及时做出了解释：“所谓暗三就是名字的笔画要正好为三、十三、二十三、三十三等个位为三的数字。”

“那就叫丁一，正好三画，简单易记。”潘磊又插了一句。

“不妥不妥，丁姓已为最前，一又为最前，前后相冲。前一个字为主，后一个字最好为辅，这样才能强弱互补、阴阳相衡。再说了，你瞧唐小姐神仙般的容颜，艺名起个丁一合适吗？”白大师马上给予否定。

“这倒是有些难起了。”潘磊微微摇了下头。

白大师蒙眬的眼睛开开闭闭了几次，其间又把面前的酒杯喝干了。幸好的是他在还没有完全喝醉之前就给出了一个结果：“这样吧，取个珮字。珮为美玉，正合唐小姐玉质容颜。珮为美饰，也合唐小姐命数中成人之美、度人救人之天性。珮为衣着附物，与丁字恰好为互补平衡。而丁字加上珮字正好十三画。”

“丁珮，不错，这名字锐气中带着温润，是个好名字。”潘磊也觉得这名字很赞，与唐美丽的形象、性格都很适合。

“好的，从今天起我就叫丁珮了。”唐美丽也很开心，不，应该说丁珮也很开心，她很喜欢这个名字。

但可能是白大师酒喝多了没数对笔画，也或者他用的是偏门的字帖，所以被他认为笔画是十三画的“丁珮”其实只有十二画。要用来与唐美丽将来命中很重要的那个人契合长久、不分不离的所谓暗三，在这名字里并没有带。而潘磊当时只注意到这个名字又好听又有含义，也没有特别留意到笔画数量。

1967年，唐美丽正式改艺名丁珮，与香港邵氏电影公司签约五年。由于“珮”与“佩”相通，所以后来有很多媒体、网站在报道时都将丁珮的名字写成了丁佩，而且越来越多，以至于人们都以为她原来起的就是丁佩，而不知道其实是王字偏旁的珮。

而同一年的7月9日，李小龙正式在洛杉矶中国城的振藩国术馆，确立其武道哲学的名称为“截拳道”。

签约之后丁珮到香港转了一圈就回来了，这一趟她是先过去看了看环境，还有就是要把一些生活的必要条件给确定下来。比如说住处，虽然邵氏公司提供职员的住宿，但那种集体居住的环境丁珮肯定是无法适应的。所以她要在公司之外租住合适的公寓或酒店。

和邵氏签约后的第二年，丁珮才正式离开了台湾前往香港发展。临走时陈启礼为她送行，于是又有了一段丁珮永远都不会忘记的对话。

“需要的时候打个电话，兄弟为你赴汤蹈火。”陈启礼说。

“对，需要的时候打个电话，因为我们永远是兄弟。”唐美丽也说。

“打电话。”

“打电话。”

说完这话后两人相视而笑。

对话很简单，但彼此都能理解话语之外的更多内容，也都清楚其中包含的情谊有多深多重。不过他们相约的电话在唐美丽最艰难的时候，在陈启礼最艰难的时候都没有拨通。等几十年后拨通电话的时候他们只能是回忆过往，感慨万千，并且紧接着又是一次永远的相送。

丁珮的美貌与天赋被当时的电影人所看重，为其在香港的演艺事业打下了基础。

第三部　艳女闯香江

- 六叔邵逸夫
- 绝代艳星
- 告别邵氏
- 重返香港，初识李小龙

丁珮与港督麦理浩爵士在酒会中。

丁珮与邵逸夫（左四）。

六叔邵逸夫

1968年5月 香港

到了香港之后，丁珮想尽快适应新的工作环境和工作方式，然后找到合适自己扮演的角色，抓住机会崭露头角。

但是新的环境需要深入了解才能适应，新的工作方式需要不断学习才能很好掌控。而在邵氏公司里她并没有什么熟人，缺少了解和学习的途径。想来想去她觉得只有去找邹文怀，自己在台湾是和他签的合约，而且有潘磊从中介绍。自己和他即便算不上熟人那也是相互认识，何况现在还是同事。所以刚到邵氏报到的第二天，她就毫无顾忌地直接闯进邹文怀的办公室。

邹文怀在台湾听说过丁珮的很多事情，对她的性格也很是了解。所以也不见怪，而是详细地将邵氏的一些情况介绍给丁珮听，还有一些禁忌、注意点也都加以提醒。

就在他们两个人聊得很投入时，又有一个人走进了邹文怀的办公室。

“六叔，你怎么过来了？有什么事情要我安排吗？”邹文怀一见此人立刻站起身迎了上去。

丁珮见邹文怀对进来的人很是尊重，生怕自己失礼，也赶紧站起身来。

“没什么事，经过门口就进来看看。”六叔嘴里在和邹文怀说话，眼睛却已经落在了丁珮身上。这是一种讶异和欣赏的目光。

“哦，我来介绍一下。这位是最近和我们签约的丁珮小姐，昨天刚来报到。她是台湾的潘磊导演介绍过来的。这位是我们邵氏公司的总裁邵逸夫先生。”

“邵先生好。”丁珮赶紧上前打招呼，她没有想到这么快就见到了邵氏公司的头把交椅。虽然心中感到些意外，表现上却没有丝毫混乱和拘谨。款款上前与邵逸夫握手，举手投足间就像在展示一种舞姿。

“好好，真的很好。不要叫邵先生，叫六叔吧，我喜欢别人叫我六叔。”邵逸夫轻轻握了下丁珮的手，很随和也很亲切。

“六叔肯定是有事情，要不我先出去，让你和邹先生谈。”丁珮的样子很随意，而且随意到将自己与邵逸夫握手时心中闪过的一丝感触都说了出来。

“没事，真没什么事，你们继续聊。来到公司就好好干，邵氏会给你机会，更不会亏待了你。”邵逸夫并没在意丁珮说的话。

“其实真有事也没什么关系，六叔在就没有什么不能妥善解决的事情，肯定会处处都有贵人相助。”丁珮这话倒不是随意说的。在极短的时间里她注意了下邵逸夫的表情和目光，看出了其中所蕴含的坚毅坚忍、不屈不挠和智慧精明。这些和陈启礼有很多相似之处，虽然他们打拼的沙场不同，但这样的男人不达目的是绝不会罢休的。

“唐小姐真是聪慧灵秀，既然你已经签约是我邵氏的人了，那我也不在你面前搞玄虚了。文怀啊，我过来其实是让你组织几个女演员晚上陪我去参加一个酒会的。没想到心中藏着这么点事竟然被唐小姐看出来了，看来还是胸怀不够城府、气度不够宽大呀。怎么样，能否借唐小姐这位贵人赏脸同行，晚上和我们一起去参加那个酒会。”邵逸夫在经营中会常常带女演员参加一些社交、公关的活动，但是如此客气相邀的丁珮是第一个。

“行啊，我刚到香港，正好可以多认识些朋友。”丁珮很爽快地接受了要求，她的这一特点从未变过。

这是丁珮到香港后参加的第一次酒会，主要是为了招待新加坡的一些要人，商谈解决邵氏公司在新加坡购地建电影院所遇到的一些难题。

酒会上，丁珮以美貌和舞姿征服了所有的人，而她在快节奏音乐伴奏下一段表演性质的阿哥哥舞更是将酒会推向高潮。大家都在纷纷议论这个以前从未见过的女演员到底是谁，而男士们则争先恐后地邀请丁珮共舞。

那晚关于购地建电影院的事情在丁珮渲染起来的氛围中有了突破性的进展。于是在酒会到了一个段落时，心情大好又感觉很有面子的邵逸夫带着丁珮给一些重要人物一一介绍认识。

有邵逸夫亲自引领介绍，再加上丁珮出众的容颜和优美的舞姿，让才到香港不久的丁珮很快成为香港上层人群中的一员。之后许多重要的场合中都能见到她的身影。

虽然丁珮在社交、公关的活动中显得游刃有余、操控自如，但她进入邵氏的目的毕竟不是这个，而是拍电影。当然，邵氏签约丁珮也是希望将她的才能和才华尽量多地从电影上展现出来，为邵氏争取更大利益。

于是公司随后安排丁珮在各种影片中试镜，选择合适的角色。很快，她便被《钓金龟》一片选为女主角。在她这部香港的处女作中，丁珮大走性感路线，尽情展示自己的娇媚容颜和妖娆身姿。以至于看过这部电影的人们都惊叹，香港的影坛要变天了。

香港是个国际大都市，节奏快，压力大，生存空间紧凑。但是丁珮很快就适应了香港的生活，事业也逐步走入了正轨。而且香港超前的潮流、与国际接轨的时尚风格很让丁珮喜欢，所以她下定决心要在香港扎根下去。

也正是因为有了这样的想法，她意识到自己还有一件非常重要的手续还没有办。但是要办这手续对于在香港人生地不熟的丁珮来说还是颇有难度的，因为这手续是要申请当时控制非常严的香港居留证。这证件要是不能顺利办理下来，就算她扎下了根，在一定时候还是会被移民局连根拔起赶回台湾。

居留证这件事情她本来是想通过公司解决的，为了能够及时申请到她找到了邵逸夫的特别助理苏珊娜了解情况。

苏珊娜是邵氏公司一个举足轻重的人，她一辈子没结婚，一直都做邵逸夫的特别助理，对公司忠心耿耿，对朋友热心仗义，与丁珮性格相投关系很好。

苏珊娜告诉丁珮，公司每年办理的居留证都是有定额的，而且已经有很多人在排队。如果完全依赖公司办理这件事情的话，很有可能临时证件到期了都不能办成。所以最好是能从移民局找到关系，那就简单快捷多了。

“移民局的关系？可我一个移民局的人都不认识呀。”唐美丽有些无措，如果这类事情在台湾，她总能找到关系很快解决。但在人生地不熟的香港，就真的是瞎子捉鱼无从抓起了。

“你不是经常跟着六叔出去应酬吗，那种场合上会有移民局的人。但最好能找到管用的，不要再辗转通过其他关系。”

“最管用的是谁呀？”唐美丽做事喜欢先确定目标。

“那当然是移民局局长了。”

“能有机会遇上吗？这可是高级官员。”

“当然有机会了，跟着六叔出去，就是港督都是经常可以见到。下次应酬场合里移民局局长出现后我提醒你。”苏珊娜真的很仗义。

这个机会很快就来了，丁珮在六叔的带领下参加了一个非常重要的上层酒会。

酒会开始了好一会儿，场面始终冷冷清清。舞池中跳舞的人寥寥无几，大家都像在等待着什么人。而丁珮应邀跳了几曲舞后也开始觉得索然无味，便退到了一个靠墙处休息。

刚坐下不久，一群人走进酒会大厅，然后大厅里几乎所有人都起立迎了上去。但能凑近到前面的没几个人，大多数的人都只是站在外围鼓掌。

丁珮也站了起来，但那边围的人很多，她看不见人群中到底发生了什么。

“怎么回事？谁来了？”丁珮问旁边的一个女演员。

“是港督麦理浩来了。之前就说他会来参加这个酒会的，我还以为说说而已，没想到真的来了。”那女演员显得很兴奋。

“来就来呗，他来又和我没有什么关系。”丁珮心中暗自在说，她并没有将港督太当一回事。想想也是，她舅公是张学良，邻居有曹锟的孙子、冯国璋的孙女，干爹是西北王的把兄弟，自己还和蒋中正的长孙是朋友，这样的关系让她将很多达官贵人都没有当回事。

人群终于散开了，毕竟是酒会嘛，总不能一直将港督围住不让吃不让喝吧。港督一来酒会的气氛一下好了起来，相互敬酒的，相邀跳舞的，相互吹捧的全都开始了。

很奇怪的事情发生了，丁珮突然发现港督麦理浩在几个人的陪同下朝自己这方向走了过来。还没等她完全清楚怎么回事，麦理浩已经绕过几张桌子，侧身挤过一段狭窄过道，站到了她的面前。

丁珮后来很多次和不同的港督交谈、跳舞，但这次是第一次，而且状况太过突然太过意外。即便是她那种狂野大胆、我行我素的性格，此时还是显得有些紧张和无措，这主要是怕自己有什么地方失礼会有损六叔的面子，也是怕自己形象和举止有什么差错过后会被别人嘲笑。所以她尽量控制好自己的状态，保持住优雅的微笑与港督相对，以优雅的姿势与港督握手，至于麦理浩对她说了些什么，她一个字都没有听进去。

“港督说看过你演的电影，还知道你跳舞跳得好。”

过后丁珮问旁边的女演员麦理浩对自己说了些什么，得到的却是胡乱两句满含醋意的回答。

“丁珮，港督左边那个就是移民局局长，你想办法和他认识一下，然后把你的事情说一说，请他帮忙。”苏珊娜从邵逸夫旁边走到丁珮这里，将移民局局长指给她看。

“可是我和他又不相识，总不能冒冒失失就上去要他帮忙吧。”丁珮的性格从小就很是刚强，从不会去求别人的什么，何况现在要求的是一个自己根本不熟悉的人。

“可以通过谁介绍一下，比如说六叔。”苏珊娜给她出主意。

丁珮觉得苏珊娜的方法不错，但是请六叔介绍可能还不是最合适的，应该另外找个人，一个强势的人，可以征服别人的人。当然，最重要是能征服移民局局长，让他能心甘情愿为自己办事。

于是在调整了一下心境后，她朝港督麦理浩那里走去。走到麦理浩面前后，她笑靥如花，很热情地一把挽住麦理浩的胳膊：“港督先生，你刚才说我跳舞跳得好，那么我应该有资格邀请你和我跳一支舞吧？”这过程她没有一点装，完全是她那种我行我素、无法无天的状态。

英雄难过美人关，更何况是个天真率直、热情无忌的美人。所以不管港督是不是英雄，只要他是个男人便肯定过不了丁珮这一关。麦理浩带着些意外欣喜地牵起丁珮的手，以标准英国绅士的潇洒动作将丁珮带入舞池。

那是一段让掌声不断响起的舞蹈，虽然掌声里有一部分是对港督的奉承，但绝大部分是因为丁珮优美的舞姿。而在跳舞过程中，丁珮除了夸赞麦理浩的风度和随和外，还兼带着夸赞了下他旁边的人，希望麦理浩能够引见认识下这些支撑着香港的栋梁。

舞蹈结束，麦理浩牵丁珮的手回到原位，给他引见身边的几位高级官员。港督引见的美女，那些人肯定是不住嘴地赞美，更何况丁珮的容颜和舞姿也确实值得赞美。丁珮则一一示意表示感谢，笑靥如花，语若莺啼。

当引见到移民局局长时，丁珮用的是同样的客套，只不过目光与他对视的时间稍微长一点，仙湖般的目光也更加飘渺了些。

所以还没等丁珮转身离开，移民局局长已经迈步向前，邀请丁珮共舞下一曲。同样的，这一曲也是引来掌声无数，不过给移民局局长的奉承掌声更少了，而给丁珮优美舞姿的掌声更多了。但是人在其中不明就里，移民局局长并不这么认为，他觉得所有的掌声是给他们两个的，这使得他对自己的舞姿和自己与丁珮的配合信心高涨。所以这一曲跳完之后他拉住丁珮没有下场，等下一段音乐响起后又接着跳了一曲。

第二曲舞蹈开始之后，两人跳得没有再像前面一曲那么认真，舞姿舞步都轻松下来。这是一个适合交谈的状态。

是移民局局长先开的口：“丁小姐早就认识港督了？”

丁珮没有说话，只是笑了笑，她觉得这样回答是最好的方法，因为她不想编瞎话。

而以无言和微笑作为回答在别人的理解中可能会变得非常高深，变得有所忌讳。所以移民局局长赶紧转换了话题："丁小姐的舞姿真的太美了，希望以后还有机会和你共舞。"

"局长大人的舞跳得也非常好，就像经过专业训练一样。只可惜我很难再有机会与局长共舞了。"丁珮这次说话了。

"怎么回事？难道还有人要限制丁小姐跳舞，还是……"

"不是的，你不要误会。是因为我的临时居留证就要到期了，过些天就必须回台湾去了。"丁珮的表情从笑靥如花一下转换为有些委屈，有些幽怨，只要是个正常的男人，一眼之下都会觉得心痛不已。

"什么，丁小姐的香港永久居留证还没有办？这应该是我们移民局的失职，如果让丁小姐这样的人不能留在香港而被迫回去台湾，是香港的损失，更是香港电影业的损失。这样，务必请丁小姐明天抽空来移民局一趟，居留证的事情我亲自给你办妥。"移民局局长的口气几乎是在恳求丁珮。

第二天丁珮去了趟移民局，但是她并不知道办理居留证的规定，很多资料都不全。甚至连居留证上的照片都没有准备，只能匆匆忙忙在附近的一个照相馆里临时拍了。移民局要求居留证上的照片是不许佩戴耳环项链等饰物拍摄的素面照，但是丁珮并不知道，照相馆里也没问清她拍照的用处，结果她拿去办证的照片是戴着项链耳坠的。

幸好是有移民局局长亲自陪同办理，所有的手续都进行了简化。而那违反规定的照片也没要求她重拍，所以丁珮的居留证可能是全香港唯一一张照片上戴着饰品的居留证。

意气风发的丁珮。

绝代艳星

拿到香港居留证后，台湾的唐次虞、唐太反而心中不安起来。原来他们以为他们最疼爱的小女儿只是到外面闯一闯，很快就会重新回到他们身边，但是现在看来很快回来的可能性已经不大，甚至有可能再也不会回来。所以为了防止女儿一个人在外面受委屈，便不断地从经济上给予支持，三天两头就给丁珮寄钱过去。丁珮一个人在香港唐医生和唐太怎么都难以放心，后来唐太索性过来陪她住。虽然当时丁珮在香港没有自己的房子，但她一直都是租住在香港九龙的凯瑞酒店。她人在香港，唐太就也来香港和她一起住；她要出去拍外景，唐太便自己回台湾住一段。

1969年，丁珮随摄制组前往马来西亚取外景，在这里受到当地华人的热情款待。邵氏本身在马来西亚就有产业，与这些当地的华人富商、名士都有合作关系和联系，所以才会享受到这样的待遇。

在一次宴会上，丁珮认识了华裔商人郑先生。马来西亚宗教派别很多，但郑先生是个笃信佛教的人。见到丁珮的一刹那，郑先生顿时处于了一种迷离状态，但是没人知道当时他是怎样一种心态，只以为他是被丁珮的美貌与气质所折服。

接下来所有的现象显示，郑先生对丁珮是一种全身心的倾慕，仿佛要膜拜于她脚下才能表现出自己的真实情感和夙愿。马来西亚取外景的这些日子里，郑先生根本就不管自己生意好坏，整天都泡在摄制组中。只要有丁珮的戏份，他都会像个痴人一般坐在场外看。而一旦丁珮没有戏了，他则会开着车子载着丁珮到处游玩。赏美景，品美味，送礼物，就差把心掏出来献给丁珮。

很多年后当丁珮已经开始接触佛法时，她再次回想起当时郑先生这份很莫名的情感，这才真正理解到他从一开始就不是出于男女之情，而是像一种预知、一种信仰、一种寄托。而他当时赠送礼物、陪着游玩时，只是类似于对佛家的一种供奉。因为那时他们所有的交往都是纯洁的、无邪的，郑先生始终都没有表现出一点非分的意图，也没有丝毫男女情欲的暗示。

丁珮从马来西亚回到香港后大概两个月左右，郑先生也追随来到香港。通过一些朋友的打听，他找到丁珮并且约其见面。丁珮觉得自己在马来西亚时受到人家的热情款待，这次来到香港自己也应该一尽地主之谊。于是也带着郑先生游玩了整个香港，但是游玩过程中郑先生依旧坚持不让丁珮花费一分钱。

那时的丁珮觉得郑先生应该是想追求自己，但是又始终张不开示爱的嘴。所以决定试探一下他，以便做个对相互之间都没有伤害的了断。

于是这一天丁珮带着郑先生到铜锣湾一带的高级购物中心，将所有高档店铺都转了一遍。但这过程中郑先生似乎完全无动于衷，面对许多和示爱、求婚有关的商品完全没有丝毫的表示。

丁珮觉得事情不能这样结束，所以在经过一家珠宝商店时，她故意对着橱窗里的一枚钻石戒指露出夸张的神态。

“哇！这钻石戒指好漂亮啊，要是以后我结婚时能戴上这样的戒指，那一辈子也就知足了。”

“你是想要那枚戒指吗？”郑先生问丁珮。

“对，你愿意买给我吗？”丁珮其实觉得试探到这一步已经足够。因为那枚戒指的标价是18万港币。当时18万不是个小数目，用这数额可以在香港太子道附近购买到三个单元的房子。这三个单元的房子到九七之后市场价值已经升到了几千万港币，由此可见价值之高。在当时的情况下，不是真正想以结婚成家为目的的情感付出，绝不会下这么大的本钱。所以就这个要求的提出，其实是将了郑先生一军。

谁都没有想到，郑先生什么啰嗦的话都没有说，转身直接进到店里，没有表现出丝毫的犹豫就把那钻戒买了下来。买下之后他直接走到丁珮面前，就像拿着一块棒棒糖那样很自然很平静地递给了丁珮。

“你这是要向我求婚吗？你不要介意，我其实是想告诉你……”丁珮本来是想委婉地告诉郑先生自己对他没感觉，两个人在一起不合适一类的话。

“不，不是的。”郑先生满脸的惶恐和慌张。“你千万不要误会，我从来就没想过那方面的事情。就是因为你喜欢，所以我就买给你，是佛祖指引我这样去做的。”说完这话郑先生将钻戒往丁珮手里一塞，就像做了贼似的转身慌忙逃走。

这下子轮到丁珮傻在那里了，她怎么都想不通一个人怎么会毫无理由地就买下这么贵重一份礼物给自己。这种情况让她无所适应。

丁珮有唐医生、唐太坚实的经济后盾，所以不会在乎那高价值的钻石。于是在香港各大酒店里找寻郑先生，找到后她很坚决地要将钻戒还给他。但是郑先生更加坚决，说什么都不肯收回钻石戒指。说是已经送给了丁珮，至于她要怎么处置这钻石，全凭她乐意与否，哪怕是把它扔掉，都与他没有丝毫关系。

丁珮实在没有办法，于是又通过郑先生在香港商会的一个好朋友转还给他。但是郑先生第二天就离开香港回了马来西亚，接到他朋友的电话后还是那句话，东西已经是丁珮的了，怎么处置随便她。

没有办法，丁珮只好将这钻戒收藏好，希望再有机会遇到郑先生时亲自还给他，但是直到现在，丁珮再没有遇见过郑先生。

那时候刚见面就送丁珮贵重礼物的人真的很多。更有人一直追随其后，随时给她送上喜欢的和需要的。但郑先生是比较特殊的一个，也是让丁珮能够永远记住的一个，因为他的所作所为一直让丁珮无法理解，直到很久之后丁珮才发现可能是与自己的又一特质有关。

其实当时丁珮有家里在经济上给予极大支持，然后自己也有收入，所以在钱上一点都不担心。另外她不管去哪里花销也是很小的，这倒并不是她如何节俭，而是总有人会请她吃大餐、送重礼，更有些俗人会直接送钱给她用。

当然，那些请她吃大餐、送贵重礼物的人不可能都像郑先生一样。他们中大多数是居心叵测的登徒子，只想利用金钱来玩弄女性，当然也有一些的确是想与丁珮相互亲近建立感情的。但不管是哪种人，都很难在丁珮这里轻易达到目的。因为她从小就是个富养的女儿，甚至到现在仍旧富养着，所以用些金钱上的手段根本无法打动她。另外她的家世以及平常接触的朋友层次，也确定了她不会轻易对什么显赫身份的男人屈从了。

但一个女人背后追着太多形形色色的男人，不管中间真实情形是怎样的，都势必会在别人的眼里和嘴里变了味儿。当时有邵氏公司的女演员在背后给丁珮下了个定义："她就是个狐狸精，只要看到她那勾魂的眼神那些男人便不能自主了。然后一个个像中了魔一样争先恐后地往前扑，恨不得把她当菩萨似地供起来。"

这是一个非常怪异的定义，其中既提到丁珮像狐狸精，又提到她像菩萨。本来很矛盾的两个概念，但说出来似乎没什么不自然的。

而丁珮听到这个定义后回了一句很具玄机的话："我始终是我，他们为我迷茫也好居心不良也好，也都始终是他们。"

能迷住男人的女人就意味着至少能迷住一半以上观众，这也是没有办法的事情，爱美之心人皆有之，这是人性，是真理。而香港影视业出现"艳星"这个名称，就是从丁珮开始的。所以丁珮在邵氏公司的成长发展非常快速，短短几年就拍摄了《青春万岁》《女子公寓》等十几部片子。

能有这样的成绩和发展速度有一部分原因当然是因为她美艳过人，风格火辣，前卫大胆。还有很大一部分原因是因为她那种很豪气、很爽快、不带心机的性格很容易被人接受。所以许多导演、制片人都愿意与她合作，与那些扭捏造作、故作姿态的大牌女演员相比，与她合作更加容易沟通交流，电影所要表达的意图更容易实现，进度、档期也都能够保证。

还有就是丁珮很被邵逸夫所欣赏，在很多为公司争取利益的社会性活动中，丁珮都出了大力，是促使很多大事情成功的关键人物。而丁珮也愿意跟着邵逸夫参加一些社会活动，特别是慈善活动。邵逸夫是有名的慈善家，很早就尽心于各种慈善活动。而丁珮虽然性格豪爽，大大咧咧，还曾与帮派人物交往过密，但她毕竟是传统观念很深的家庭出来的，又在回族家庭生活了四年，还信奉过基督教。而不管哪种教派的教义都是要人为善的，所以丁珮对于慈善的理解和推崇比一般人要深刻许多，也正因为这个她对邵逸夫是极为尊重和崇拜的。

无论是在外面的哪般风光，还是在公司里被大家的认可，这些都让丁珮不可避免地成为其他艺员嫉妒的对象，特别是女演员。所以在邵氏公司没待多久，丁珮便发觉其他女演员有意识地在排挤、打压自己，而这种情况在1971年开始拍摄的《十四女英豪》中达到了极致。

《十四女英豪》是一部取材杨门女将的大型古装武侠片，刚有这方面意向时就得到邵氏一些女演员积极的响应和支持，因为这部片子将聚集邵氏所有当红的女演员参加。俗话说，不怕不识货就怕货比货，有些人很期待有这样一个自己可以占尽优势的货比货机会。所以看起来这是一部大家精诚合作显示团结精神的电影，而其实却成为其他一些女演员集体对丁珮的一次有力打压。

这是丁珮第一次拍古装片，也是她在邵氏公司唯一一次拍的古装片。丁珮的特点是时髦、性感，拍现代片的话她可以用超越时代的衣着装扮将自己的各种优势展现得淋漓尽致。但是古装却不行，所有女性的古装都区别不大，没有特色，而长大的衣裙还会将她曼妙健美的身材完全掩盖。再有古代美女相貌的单一化妆，也无法将其容貌突出。甚至与一些天生带有古典气质的女演员相比，会显得形象夸张、呆滞没灵气。另外那些女演员多少都拍过些古装武侠剧，有过这方面的专业训练，包括舞刀弄剑。然而丁珮却没有这样的经验和经历，她最擅长的舞蹈在这片子中只会损坏她所饰演的黄琼女的形象。而这些正是一些女演员想要的效果，她们想利用这个片子让观众有最直接的视觉对比，从而在大家的印象中压过丁珮。

性格率真豪爽的丁珮并没有意识到这些，虽然她在和那些女演员合作中感觉不是很舒服，但还是以很认真、很积极的态度对待这部影片的拍摄。

让人们很意外的是，舞刀弄剑的事情对于丁珮来说没有一点难度。她只要看两三遍龙虎武师给她设计的刀剑招式就能全部记住，并且在施展中还能加上一些她自己的理解和变动，让整套动作更加自然、舒展、漂亮。

至于没有特色的服饰和化妆，丁珮也注意到了。所以她对照镜子，先琢磨出几个很有特点的亮相姿势，然后再针对自己的面部特征，设计了几个能充分展现自己优点的表情，将自己的美艳可爱尽可能地表现出来。这样一来，虽然不能完全将别人的风头都抢了，但她自己的形象至少没有被毁坏，别人想要压过她也绝不可能。

几个想利用这部电影来压制丁珮的女演员见计划落空了，于是临时改变策略，决定采用其他更加直接的手段。她们一个是在拍摄过程中故意利用身形走位遮挡丁珮在镜头里的露面机会，再有更为卑劣的是准备在打斗场面的拍摄中，用走形的动作和故意的冲撞拉扯给丁珮造成伤害。

而这个时候丁珮已经开始注意到一些情况了。几个女演员常常堆在一起偷偷摸摸说些什么，这让她感觉很不舒服。总觉得背上有着因紧张而导致的紧绷感，想逃离，想远走。所以她在和她们的一些对手戏中变得谨慎起来。正是因为有了这样的戒备，在几次单人的对手戏中，丁珮都以迅速灵活的身手避开了那些人的一些小动作。但直到这时候她仍没有认为那些人是故意针对她的，始终觉得是意外和失误，毕竟是武打戏嘛，过程中一两个动作的失误很正常。

在拍摄进程差不多到一半的时候有个大场面的群斗戏。剧本的安排是一群女将团团围住对手，然后按排好的顺序依次冲上去和对手过招。其实这种拍摄的难度是很平常的，但是偏偏就是在这过程中出了意外，而且有人受伤。

整个过程肯定是有人商量好的，本来在男主角和一个女将的对打动作完成之后是轮到丁珮饰演的角色冲上去，在她之后再由两个女将一起上去合攻男主角。但是当丁珮冲上去时，已经完成动作的那个女演员却没有退下，继续快速地朝着男主角出剑砍杀，而应该排在她后面的两个女演员却紧跟着冲了上去。

当时状况很混乱，导演程刚以为武术指导临时更换了动作，所以也没有叫“卡”。男主角依旧被原来的女演员堵住一个角度，没法后退。而当丁珮冲到前面准备按套路出剑时，却发现男主角依旧以后背对着自己，根本没有闲暇和自己对手过招。而当她想撤剑停下脚步时，后面的两个女演员已经挺着手中的道具剑径直朝着她后背冲撞过来。

和她之前看到她们偷偷摸摸说事时的感觉一样，丁珮的背脊瞬间因紧张而紧绷起来。紧绷的感觉可以让肌肉更快做出反应，她身体猛然一个旋转，就像她在竹林岭上从细竹丛中绕行一样，又像她在舞池中惊艳地舞蹈。她不但是从一个三角形的围堵空间中躲闪出来，而且还躲得那么漂亮、潇洒。

背后的两个女演员连她的裙袂都没有碰到，于是有意图的冲击落空了。而落空的势头变得无法控制，只能不由自主地继续往男主角身上冲去。

那男主角已经觉出背后出现的异常，于是躲开另一边的女演员，很本能地将道具刀反手往身后一挥。

身后的两个女演员其中一个被道具刀砍中了右侧太阳穴，虽然是不开刃的道具刀，但是在本能的状态下挥舞的力道却极大，一下就将那女演员击昏过去。倒地昏厥的女演员头上立刻青肿起来，鼓起一个吓人的大包。

而另一个女演员收不住的势头是要持剑直接冲撞到男主角身上的，这样的话即便是道具剑，但在一个人合身而出的冲击力下还是会带来严重外伤。幸亏丁珮在旋转躲闪的同时将手中的剑斜斜挥下，正好将那女演员的小腿挡了一下。跌撞的脚步被剑这么一绊，人便直接扑倒下来，磕破了鼻子，擦破了嘴唇。

武打片的拍摄现场经常会出现一些这样的事情，但今天的事情还是让人们感到太过意外了。所以整个拍摄现场上的人都惊愕在那里了，就连导演程刚也呆在那里始终忘记喊“卡”，过了好一会儿才急忙喊道：“看看，快看看，伤得严重吗？”

于是现场一片混乱，人们都围拢过去，先将跌倒的人扶了起来，然后叫来医护人员进行处置。

而这时丁珮始终冷眼站在一旁。她不需要别人告诉她些什么，也不需要重现刚才的一切来确定什么。因为她的感觉告诉她的往往会比这些更加准确。如果只是和以往一样是些单个动作的失误，如果只是一个程序没有走顺，她依旧会认为是正常的情况，但是今天不是，今天是前后两个程序同时错误，而且有三个演员同时出现错误。这在已经编排好的流程中，只有可能是故意的、有针对性的。

男主角走到旁边和一直站在场外看着的龙虎武师说了几句话。旁观者清，更何况是内行的武师，所以男主角肯定是了解到当时最为真实的情况。于是从武师身边走开后，他径直来到丁珮面前，很由衷地说了句："谢谢！"

丁珮回以微笑，一句话都没有说。此刻她的心中已经确定，自己应该退出了。她虽然喜欢争斗的刺激，但那应该是一种很男人、很英雄的血性争斗，而不是这种卑鄙暗算。所以她不屑与这种女人为伍，和她们拍摄同一部片子会是对自己的一种侮辱。另外她觉得那些女人也是可怜，面对威胁和竞争她们始终都在恐惧中挣扎，害怕已经抓在手中的一切瞬间失去，并为此而不择手段。也许就像白大师推算的那样，丁珮的性格中还有成人之美的特质，所以她决定离开。

面对丁珮很坚决的退出要求，导演程刚只能临时改变剧本。所以在《十四女英豪》这部片子中，丁珮饰演的黄琼女是最早从电影情节中离开的。

而就在丁珮片场化解暗算的这一天，在泰国曼谷的《唐山大兄》拍摄片场，七任泰拳王察尔·铺前来挑战片中主角的扮演者李小龙。被李小龙的“连环三脚”连续重击腹部、面部和太阳穴，将他重重击倒在地，全过程不足18秒。

告别邵氏

1972年2月，瑞士

丁珮面对白雪皑皑的山峰美景、深碧如凝的湖面站了好久好久，终于，她舒展了几下腰肢和四肢，然后自己嘴里哼起一个曲调，并随着这曲调舞蹈起来。单调的曲调，伴奏着一个人在空寂的山林间的舞蹈，表现出的只有无尽的孤寂和惆怅。此时此刻，她心中人神相斗，正经受着又一次磨难。

这一次丁珮走得远了一些，她不但是离开了《十四女英豪》的剧组，她还离开了邵氏公司，离开了香港，来到了瑞士。而至今都很少有人知道，她当时来到瑞士是准备结婚的。

其实离开邵氏的原因很多，倒并不是因为那些女演员的排挤和打压。像她那种张狂好斗的个性，根本不会害怕排挤和打压。当然，她也不会完全为了让那些女演员不再感到威胁而成人之美放弃自己的电影事业。之所以果断选择离开，是因为她敏锐地捕捉到了几个现象。

一个是在这期间香港影业呈现快速下滑趋势，人们都不愿意去影院里看电影了，让她觉得电影业前途的渺茫。再一个她注意到邵氏公司内部出现了一些动荡。在这之前高层应对市场变化出台了新的薪金规定，而已经升为邵氏公司行政总裁的邹文怀就是因为不满这种新的薪金规定，早已经离开了邵氏公司。而丁珮选择这个时候离开已经算是很感恩、够仗义的了。

而最重要的一点是丁珮预见到在不久的将来，香港电影市场的格局将发生巨大变革。这种变革也许可以让香港电影业重新焕发活力，但任何一个演员也都可能在其中成为牺牲品。所以作为一个女演员来说，应对这种变革的最好办法就是早日找到自己的归宿，过上稳定安逸的生活。

也就恰恰是在这个时候，她瑞士的男朋友连续打来电话、发来信件，央求她去瑞士完婚。所以经过深思熟虑后，她觉得这可能是自己退出电影行业的最佳时机和最好理由。

丁珮的男朋友不属于那些不断追逐其后的男人之列，而是丁珮朋友的朋友。那是一个英俊的瑞士小伙子，实际上是定居在瑞士的德国后裔，他家里是在瑞士做酒店企业的。这个小伙子与众不同的还有一点，就是他具有德国皇家血统。他和丁珮两人是通过香港酒店的副总经理杰西亚介绍认识的。

丁珮到香港后一直住酒店吃酒店，所以认识了很多酒店做事的朋友。杰西亚就是这样的朋友之一，她是个正宗的瑞士人。

她们两个成为朋友的时候杰西亚还只是餐厅经理，不过正处于有望升职当上副总经理的关键时刻。而就是在这个关键时刻她遇到了一件可能会毁了升职希望的事情，而丁珮却帮她解决了这一件很麻烦的事情。

一般到香港酒店那样的餐厅来吃饭的都是有身份的体面人，所以服务中千万不能出不体面的事情，否则声誉全毁。但是有些混不上社会也混不上江湖的衰仔就正好利用到这一点，使出一些下三滥的伎俩来敲诈店家。

那天中午用餐时丁珮还是坐在自己的老位置上。这位置旁边有一块装饰用的黑金沙玻璃，玻璃虽然不能像镜子那样将人照出，但从里面看到的人相还是非常清晰的。丁珮之所以要坐这样的位置，就是为了能在就餐过程中始终监看到自己的形态。因为美食往往会让人忘乎所以，从而导致一些夸张失态的模样。有时候就连一些污渍沾在脸上都不知道，仍旧神气活现、左顾右盼地大快朵颐。而丁珮是个对自己形象极为苛刻的人，她绝不会允许这样的情况发生。

那天丁珮正一边等待自己点的美食一边借助那玻璃检查自己刚化不久的妆，突然从那片玻璃里看到了一件奇怪的事情。邻座的两个外籍男子偷偷摸摸从背对着别人的口袋里掏出了一个小纸包，然后打开纸包将一件东西放进了意式炒饭的盘子里。

那东西肯定不是一个适合吃的东西，否则不会用张纸包着放在衣服口袋里。而且那也肯定不是什么好东西，因为丁珮见那东西放到饭里时感觉非常不舒服。虽然只是从玻璃的倒影中看到了一个简单的动作，但丁珮却能通过别具灵性的感觉确定一些事情。

“啊！”邻座突然发出一声惨叫，然后顺着嘴角有鲜血流出，并且滴到了意式炒饭的盘子里。

“这是怎么了，流血了，流血了！嚼到玻璃了！怎么会有玻璃片在饭里面？这要是吃下去命都会没有的。”邻座另一个人开始大呼小叫起来。

听到喊声，杰西亚和服务员立刻赶了过来。

“你们这是什么垃圾店，简直是世界上最垃圾的食品！你们看看，就是这玻璃片，你们都别动，这是证据。我要用这个将你们告到食品卫生署，让你们倒闭！”

“不要这样，不要这样，事情的解决办法有很多种。这样，我们先带你同伴去处置一下伤口，然后再坐下来细谈谁的责任，怎么赔偿。”杰西亚虽然不相信自己餐厅的炒饭中会有玻璃碴出现，但为了先将事情平息下来，这样的处理方法应该还是很合情合理的。

“不，我们不会跟你们去处置伤口，因为这伤口也是证据！我们现在就坐到大门口等着，等卫生署的人来，等媒体的记者们来！”其中一个人拒绝了杰西亚的建议，而另外一个人则在暗暗地用力咬嚼着，他是要让嘴巴里的血更多地从嘴角流出来。

“那你们觉得怎么处理才合适？”这种情况下杰西亚只能很委屈地息事宁人，只求不扩大影响。

“马上赔偿我们现金一万港币。”

对方提出的要求将杰西亚吓傻了，当时这可不是个小数额，香港中心地区的房子才六万港币一个单位。她已经完全不知道这件事情该如何处理才行，脑子里只是不断反复“完了完了”，这意思是她的升职完了，甚至可能连工作都完了。

“怎么？不赔是吗，那我们就到大门口去给大家看看我们受的伤害，让大家都知道你们到底是一家怎样的垃圾店。”

坐在旁边的丁珮实在看不过去了，于是站起身走了过来：“是他们自己把准备好的玻璃片放在饭里的，然后故意咬破自己嘴巴装作被玻璃割伤了。”

“证据，你要拿出证据来！”两个外籍男子变得暴怒起来。

而就在这时候，丁珮身子一闪，伸手将那块玻璃碴用手指夹了过来，速度之快就像她当年从陈启礼和王帮主中间抢刀一样。

“你们的证据呢？你们又有什么证据。”抢到玻璃碴的丁珮反问道。

“我们的证据在你手里，你干吗抢我们的证据？”

“我这是为了保护证据，但它现在是我们的证据了。经理，现在你可以报警了，等到了警署我们可以验伤，看你嘴里的伤口和这玻璃是否吻合。”

听到丁珮这话，那个嘴巴里流血的男子立刻就要扑过来从丁珮手里抢那玻璃片。

“啪”的一声脆响，那男子手还未碰到丁珮，脸上就已经挨了一记响亮的耳光。他愣了一下，然后又想继续，可手才动，“啪”的一声又是一记耳光。而接下来他已经不敢再抢玻璃片了，只是想将挨揍后侧转的面颊转过来，可脖子才一动，“啪”的一声，第三记耳光又到了。于是他再不敢动，只能歪着脑袋不断地后退，直到后背贴住了墙再无处可退。

很明显，这是陈启礼打人耳光的一贯风格，丁珮就是学的他。但是这打法不是谁都学得了的，下手必须快、必须狠，让对方连续被抽耳光却根本没有还手机会，从而彻底丧失信心和勇气。

这连续的三记耳光都是打在咬破流血的那一侧腮帮子上，所以这时候顺嘴角流出的血更多了。

“现在又不同了，刚才我们可以拿着玻璃告你们敲诈。而现在在敲诈之外我还可以告你非礼。你嘴里流血是我打的，因为你们欲行非礼我才打的。抽耳光打破口腔壁和牙齿咬破口腔壁的痕迹相差不大，再加上我抽打出的指印，警察应该能够相信的。”丁珮神定气闲，她十四岁时在台湾已经是对付流氓、太保的高手，这样两个无赖不管用黑道法子还是白道路数都不够她玩的。

“你想怎么样？”两个外籍男子怎么都没有想到自己装扮得很成功的受害者忽然间就成了可以判罪入狱的罪犯。

丁珮没有说话，而是抓起桌上一把餐刀猛地往另外一个男子的手腕上砸落下去。

“呃……”男子的惊呼声刚出口就停止了，然后有些木然地看着手腕上被餐刀刀柄砸碎的手表面。

“如果我是你的话，就赶紧大声表示误会了，是自己没发现到手表面已经碎了，这才把玻璃碎片落进了盘子里。然后把单买了赶紧离开。”丁珮小声地对那男子说。

“误会，对不起！是误会！是我自己的手表面破了，才有玻璃碴掉进饭里的。对不起，误会，影响大家进餐了……”两个外籍男子大声说着话，并且一边向餐厅里的人们展示自己破碎的手表一边鞠躬表示歉意，然后赶紧离开了餐厅。

这件事情之后，杰西亚和丁珮成了好朋友。而当杰西亚在瑞士的一个朋友来到香港时，杰西亚很热情地将这位朋友引见给丁珮。因为她觉得自己这个最为优秀的朋友会喜欢上丁珮，而且也只有像他这样的相貌、学识和家庭才配得上丁珮。事实上两人的关系果然是按杰西亚预见的那样发展了起来。

丁珮离开邵氏之后不久，香港电影市场的格局也真像丁珮预见的那样发生了巨大变革，而且比她预见的还要快，还要猛。她还没来得及离开香港，就已经看到了变革带来的效果。

邹文怀离开邵氏后自己组建了嘉禾电影公司。而在这之前也就是1970年，邵氏公司作为香港电影业的龙头老大，为了能力挽狂澜扳回香港电影业的颓势，通过一个叫小麒麟的人接洽邀请他的好友回香港合作拍摄电影，这个好友就是李小龙。

但当时李小龙提出影片制作成本不能低于60万港元，而且要担任影片的武术指导并有权修改剧本，以及由他邀请的外国演员要以美金支薪等要求，令邵氏公司的高层无法接受，最终合作未能成功。

而邹文怀在邵氏公司时曾参与过邀请李小龙拍片的事宜，所以在自己组建电影公司之后，第一个便想到了李小龙。于是派导演罗维的太太刘亮华到美国邀请李小龙回港发展，以1.6万美元拍两部电影的片酬与李小龙签约。而李小龙因为之前邵氏的拒绝而发狠，宁愿降低要求也要与嘉禾合作。其实他们合作拍摄的第一部电影《唐山大兄》的预算只10万美元，但拍摄结束后投入市场一炮而红，将已经远离了电影院的观众们又拉了回来，并创下香港开埠以来电影票房的最高纪录。

丁珮离开香港之前被别人拉去看了《唐山大兄》。刚开始她只是觉得主角的功夫很特别，但越往后看越是奇怪，因为她感觉影片中的主角似乎在什么地方见到过。她不停地在记忆中搜索，那个矫健无敌的身影好像曾出现在街头的械斗中，好像曾经和自己一起在竹林岭上奔跑过，好像在自己感到恐惧和悲哀的幻觉中出现过，还好像与自己在舞池中共舞过。但这所有一切都只是她对一个角色的感觉，她自己就是拍电影的，所以知道塑造出一个好角色具有的精神状态可以无所不在、无所不能，而实际上这样的角色在真实的世界中是不可能有的。但是丁珮并不知道，李小龙塑造的角色都接近于他的本色。

重返香港，初识李小龙

1971年的12月，丁珮来到了瑞士。刚到瑞士的时候丁珮很是激动和兴奋，她来到的这个国家是世界花园，而且曾经乃至现在都是个最安全的国家。然后她又是来结婚定居的，未来让她心中充满了美好的憧憬。

这时候正好是冬天，瑞士除了一些可以滑雪的旅游点酒店照开外，其他酒店都因为大雪封路等原因而停业了。丁珮的未婚夫家里是做酒店的，他们的酒店也是冬天不开夏天才开的。所以她未婚夫有很多的时间来陪她学习语言，以便在结婚之前就能够适应这边的生活。

但是丁珮到了这种环境里以后便显得特别懒惰，这倒不是因为她是属猪的。而是没了压力也就没了斗志，整个人就放松了下来。

她当初在学校里学习时传统观念就挺强，虽然在美国学校里上学，英语却学得不是很好。而到瑞士后，仅仅会些英语是远远不够的。当时瑞士分好多个区，有德国区、意大利区等等，所以语言上也就分瑞士德语、瑞士意大利语，这就相当于中国的地区方言，所以在这里定居生活她至少还要学会瑞士德语。

学习语言对丁珮来说绝对是一个磨难，她似乎是在这方面缺少了什么基因，所以怎么都学不好。在瑞士的冬季里，住在一个语言不通的区域中，无法与人进行正常交流，这让丁珮每天都过得很无聊，感觉很孤独。然后未婚夫也因为她不能好好学习语言而责怪她，这让丁珮觉得未婚夫不够体谅自己，于是两人时不时会出现一些冲突。

刚到瑞士的兴奋劲过去了，美好的憧憬还没开始就已经举步维艰。这种情况下丁珮开始重新审视这个即将实现的婚姻。

最初以为找到了一个桃花源，但真的来了却发现自己可能只是无意闯入的那个渔夫，终究还是要离去的。但是离去之后便再也找不到回桃花源的路了，这一点也是毋庸置疑的。现在转头回去香港的话，那边的很多东西都已经放弃了。而有些东西放弃了就可能永远都不能重新找回，所以回去后肯定会感到很大的失落，这一点也是毋庸置疑的。

丁珮停止了自己的舞蹈，停止了自己的哼唱。她重新将目光望向湖水，望向湖水那边的山峦，望向山峦之外的蓝天。这一刻她的心中已经拿定了主意。而像丁珮这样的性格要么拿不定主意，一旦决定了便再不会反顾。

纠结中挣扎了足足三个月，这应该算是一场不小的磨难。而丁珮最终的决定是放弃已经快筹备完毕的婚礼，毅然回到香港。但是谁都无法预知，她的这个决定是一场磨难的结束还是又一场更大磨难的开始。

回到香港之后没几天，丁珮约杰西亚出去吃饭。不管是从小来自唐太的传统家教，还是后来接触帮会时学到的江湖道义，都告诉她做人不能欠缺了礼数。自己在瑞士差点成功的婚姻是杰西亚介绍的，而现在自己在瑞士转一圈又回来了，有些事情是需要向杰西亚解释说明一下的。

两个人在约好的地点见面后，她们便边聊边往附近的一家酒家走去。

杰西亚只大概听丁珮说了几句关于结婚的事情，然后就插话打断了她："很好，不用说了，我已经知道你没有结婚，这很好。"

"你为什么会这样说？"丁珮反问道。

"因为你没有一点难过。如果他真是你心中所爱的话，即便因为其他不能承受的阻力离开了，那么你也应该难过。但是没有，你对这件事情没有一点难过。所以你其实并不爱他，只是之前连你自己都不知道。"杰西亚不十分标准的华语虽然说得有些饶舌，但真的很有道理。

丁珮眨巴了下眼睛想想，的确如此，自己不但没有难过，甚至还因为回到香港而有些莫名的小开心。而现在听了杰西亚的话之后，她便觉得更加开心，暗自庆幸自己最终选择的正确。

因为种种开心，所以丁珮又完全恢复到以往的状态。和杰西亚吃完饭并在车站告辞后，她独自走在回酒店的街道上。脚下踩着轻快得如同舞步般的步点，没有一丝扭捏，没有一点娇柔，却有着一种骄傲、一种高贵、一种帅气。再配上一身脱俗、超前的衣着，让人不由地注视又不敢久视。

至今丁珮都记得自己那天穿着的细节，因为那是她在一段时间里最喜欢的一套装束。

那是内外一套的翡翠绿色上装。衬衫是透明雪纺的，就像一块和田碧玉；外套是灯芯绒的小西装，就像一湾绿水碧潭；在外套后腰上有一个很大的领结状装饰，同样的翠绿，就仿佛碧潭上漂浮的一片莲叶；下身是一条黑色的西装裤，恰到好处地凸显出她的臀胯；再加上绿色的高跟鞋和手中的黑色软质小牛皮包，将最不起眼处都点缀成了最耀眼的点。整个给人的感觉是娇艳清新中带有硬朗古典，既神气又雅致。

回到凯瑞酒店时已经挺晚了，丁珮正准备拉开酒店大门进去，那大门却恰好被里面的人推开了。

从酒店大堂出来的几个人看来是刚刚就餐完毕，边走边热闹地谈笑着。将大门推开之后，正好和丁珮碰个正着。

“啊！是丁小姐。”那几个人里有人竟然一眼认出了丁珮。

“是邹老板啊，难得遇到你呀，都有很长时间没见了。”丁珮定神一看，和自己打招呼的竟然是邹文怀。

“真是好久没见了，工作太多了。对了，给你介绍一下，这位是李小龙，Bruce Lee。这位是Linda，李太太。”

丁珮当时的心情很好很开心，所以想都没想就主动上去握手。当她的手和李小龙的手握在一起时，她更加开心了，笑颜尽情展开。因为她感觉自己的身体中就像有股无形的力量，正在朝着一个很正很顺的方向运转。

李小龙一只手握住丁珮的手，另一只手主动摘掉了自己的太阳镜。不知道这样做是为了看清丁珮还是要让丁珮看清自己。

丁珮看清了这个男人英俊潇洒的外表，但她也更加真切地感觉到他身上的一股无形力量，就像一个磁场，有吸力也有张力，只是看你该如何去靠近。

“这位就是丁珮丁小姐。”邹文怀在旁边介绍。

为了这句话丁珮后来追问过邹文怀多次，问他当时为何要说“就是”，是不是他们之前讨论过自己，或者李小龙询问过自己。

邹文怀后来一直推说自己不记得介绍时说“就是”了，也不记得在和李小龙的讨论中是不是提到过她。因为他每天和李小龙在一起，说的有用的没用的话太多太多了。

“你是丁珮。”李小龙像是在自言自语。

“你是李小龙。”丁珮也像在自言自语。

这一天是1972年3月21日。

丁珮与李小龙一见钟情，互相倾心。

第四部　痴女坠情涡

丁珮与李小龙的珍贵合影。

情定李小龙

丁珮之所以能非常清楚地记得那一天是1972年3月21日，是因为3月21日是李小龙太太Linda的生日。而那天李小龙、邹文怀就是带着Linda到凯瑞酒店里来为她庆贺生日的。

丁珮还清楚地记得1972年3月21日那天晚上自己进凯瑞酒店大门前心情愉悦，但举止还是颇为平静稳重的。但是当进去后回到房间里时，已经开心得带些疯癫。而这过程中只是因为遇到了李小龙。

给丁珮开房间门的唐太才打开门就被她一把抱住，然后以标准的华尔兹舞步连转几个圈，差点没把茶几撞翻。

“妈，我见到李小龙了！我见到李小龙了！他好像是认识我的，他应该是认识我的。”后来丁珮仔细想过，那天她的兴奋点应该不只是因为见到李小龙，而是因为感觉李小龙似乎早就认识她了。

“小心点，别把我给摔了。哪个李小龙？新任港督吗？就算是新港督你也用不上这么兴奋啊，什么样的人你没见过，这人就那么特别吗？”唐太的反应让丁珮决定暂时再不和她多说一句关于李小龙的事情。因为猜想为港督还算是好的，如果是瞎猜成什么厨师、服务生，那不就亵渎了自己的偶像了吗。

唐太不知道谁是李小龙，因为她从来都没有看过他的戏。他们两个就像在两个世界里，如果贸然进入对方的世界，得到的只有无视和孤独，哪怕这人是李小龙。这就像自己去瑞士一样，得到的也是无视和孤独。因为那是另外一个世界，自己的世界是在香港，香港有电影，有观众，还有似曾相识的李小龙。

不过回过头来想想唐太的话还是真有些道理，自己从小时候开始什么样的人没有见过，为何见了李小龙一面就变得特别兴奋、开心呢？自己和他之间难道是有着某种感应？

这一夜丁珮失眠了，这是她以往遇到多少惊险和磨难都不曾出现过的情况。睡不着的她脑子里在不断反复放映着和李小龙握手的那一刻，然后在这场景中搜索细节，收缩重点。于是到最后时，丁珮的脑子里只剩下李小龙宽厚且爽劲的笑容，摘下眼镜后显露出的睿智且锐利的目光，还有从他坚实有力的手掌上瞬间传递给自己的力量和温暖。这个男人就仿佛是一个能量场，能将别人一下就吸入其中，然后随着他的一颦一笑、一举一动所形成的漩涡不停旋转，不能自拔。

虽然一夜失眠，但是第二天丁珮很反常地早早起来，然后跑到书报亭去找李小龙宣传文章上的个人资料。那时就连她自己都没法弄清是怎么个状况，自己怎么会着了魔一样，像许多少女粉丝一样幼稚而偏执。

李小龙的资料让她觉得很是意外，这个可能是世界上最强有力的男人小时竟然很是体弱，所以起了一个“细凤”的小名。而这个小名一下就让丁珮想起自己小时候钻进别人家院子打开鸟笼放走的那只“姣凤”鸟。

但是所有这些让她兴奋的感觉终究都是要离去的，因为这些来自于李小龙。他已经是一颗天上的星星，而自己最多只能算是一盏灯光。虽然也有些光亮，但与李小龙相比，一个是在天上，一个是在地上。

不过有那么一个刹那，丁珮的脑海里闪过一幅景象。她好像又回到了台湾，又回到了竹林岭，又回到了智斗小太保的那个晚上。她奔上了岭顶，举目远眺，天上的繁星和地上的灯火已经汇在了一起，分不出哪是灯光哪是星光。

大概过了差不多十天的样子，丁珮很意外地接到了邹文怀打来的电话。

“丁小姐，Bruce Lee和我现在楼下亲亲吧等你，你能下来吗，我们聊些电影合作方面的事情。”

“可以，我整理一下就下来，你们稍等。”丁珮答应得很爽快，但是下来得却不爽快。这一整理，让邹文怀和李小龙在下面等了一个多钟头。

这一个多小时其实对于丁珮而言可能还是短的，她在这段时间中做头发，化妆，挑衣服，换衣服，挑饰品，戴饰品，完全处于一种混乱紧张的状态。一向笃定的她从来没有出现过这样的情况，即便是在见到港督时她都是那么从容自如。

丁珮出现时李小龙正在对邹文怀发着嘀咕：“怎么回事？这个人已经让我等了一个多小时了。”但是从他的语气里并没有听出什么不愉快来。

邹文怀则装作没有听见，好像等不等、来不来都和他没有关系。

当丁珮在李小龙旁边款款坐下后，李小龙表情很严肃地对她说：“丁小姐姗姗来迟呀，我在国外很长时间，那些老外是最讨厌别人不守时的。”

“可这是在香港啊，再说了，刚才邹老板打电话给我时也没有约定什么时间呀，只说你们会等到。”丁珮针锋相对地回道，别人越是强势越会激发她骨子里的刚强。

听到这话李小龙反而露出了笑意：“明知道我们在等还这么晚下来，那么丁小姐是在考验我的耐心了。”

丁珮注意到了，李小龙后面一句说的是“考验我的耐心”，而不是“我们的”。

“不止是耐心，还考验你的风度。”丁珮脸上带着一种调皮的微笑。

“很明显，我是经得住考验的。不过我更加佩服丁小姐，明知道我和邹老板在楼下等着，还能很安心地坐在楼上考验我的耐心和风度，那份镇静和笃定不是一般人能具备的。”李小龙留学时学的是哲学，所以他懂得从多个角度来看现象。在七十年代初，任何一个演员如果知道李小龙和邹文怀在等自己，谁都会扔下一切立刻赶来。

“有一点错了，我不是安心地坐在楼上，而是在楼上紧张忙乱得像个风车。我又要选衣服换衣服，又要化妆配饰。其实要不是知道你们两位在下面等着的话，我可能还需要一些时间才能完全准备好。”

“丁小姐每次出门与人见面都要这么麻烦吗？”

“差不多吧。我觉得女人打扮得漂漂亮亮后再和人见面，那是对别人的一种尊重，可以让对方感到心情愉悦。而对于女人自己来说，则是一种修行。”丁珮说完这话后其实自己都有些诧异，她奇怪为何会用上修行这个词的。

李小龙听到丁珮的话后在微微点头，他没有想到一个前卫时髦的女明星竟然能说出如此具有哲理和禅理的话来。

“对了，我再告诉你一个秘密吧，其实我是很守时的人。只是我守的是天时，早也好晚也好，一切顺其自然。因为不管最后是在哪个时间到达的，那都是天意给你安排好的最佳时间。”丁珮脸上仍旧是调皮的微笑。

李小龙的笑意收敛了起来，换成稍带些震惊的表情。虽然丁珮这只是为了调节气氛的随口而言，可就是这随口而言中竟然满含了玄机玄理。他心中已经开始确定自己最初的感觉是正确的，面前这个如妖又如仙的女子和自己有共通之处，就像同样来自一个遥远而神秘的地方，身体中暗藏着与众不同的能力和特质。

李小龙最初有这样的感觉是上次和丁珮握手的那一刹那，丁珮的柔荑给他带来了瞬间的幻觉，就像遇见心灵相通的知己故友，就像找到情意相连的恋人情侣。而今天让邹文怀陪同专程再来找丁珮，就是想证实上一次的感觉是否准确。

李小龙的手从桌子底下伸了过去，他从丁珮双肩、双臂的摆放状态便能推断出她的手掌在什么位置。但是当李小龙的手刚刚触碰到丁珮的手时，丁珮的手一颤一跳飘飘然躲开，竟然没能捉住。这情况让他不由得一愣，手掌摊伸在那里再不敢轻易乱动。

丁珮从李小龙的肩头动作便知道他从桌子底下伸手过来，她想很放松地让他握着，因为之前有过这种经历，知道被他手掌握住的感觉很舒服。但是当肌肤真正碰触到一起时，她还是本能地避让了下，犹如触电般迅疾。

李小龙一愣的表情丁珮看到了，她不知道这代表了什么。是自己逃开让他意外，还是自己逃得太快让他意外？但是丁珮的手本能逃开后随即又本能地送了回去，送到了李小龙的手掌里。这就像两块相互靠近的磁铁，即便相对的是同极，但当靠近到一定距离之后，立刻会有一个跳起和翻转，随即不同极紧紧吸合在了一处。

李小龙的目光很认真很用力地看着丁珮，而丁珮的目光始终仙湖般清灵，神圣而神秘。桌子底下两只手轻轻柔柔地握在了一起，就像两根相互撩拨的柳枝。但两人心里却都非常清楚，这样的相握其实很紧很紧。

这是丁珮和李小龙的第一次正式见面，丁珮让李小龙等了一个半小时。而此后他们两个每次见面，丁珮都会让李小龙等一个小时以上。过了很多年以后，一个知道这种情况的朋友问丁珮当时是怎么想的，为什么一直这样做却不怕李小龙反感，最终甩袖而去。

“当时我也不知道为什么会这样做的，现在想来应该是潜意识中觉得那是个如钢似铁的男人，但钢铁太硬朗了就需要磨一磨。他若是个好钢，磨一磨可以成为锋刃。他若已经是锋刃，磨一磨就可以成为镜面。”

锋芒毕露，无可阻挡；回刀四顾，作镜察己。这应该是一个男人发展的最高境界，也是一个爱他的女人对他最高的期望。

红尘男女的最好时光

与李小龙交往之后，丁珮觉得不合适再住在酒店里了。这种地方人来人往太过杂乱，有点什么事情都能捅到八卦小报上闹个鸡犬不宁。所以丁珮搬到了笔架山道67号3楼A2座。

而这之后丁珮也一直有片约接到，连续拍了好几部不错的电影。其中最为有名的一部是《应召女郎》，那是著名导演龙刚亲自找到丁珮恳请她担任片中女主角的。其实龙刚早就已经注意到丁珮了，他并不认为丁珮是最会演戏的女演员，但他却认为丁珮绝对是一个最具灵性和最具勇气的演员，也可以说是最具拓展力和尝试性的演员。

丁珮也知道龙刚很看重她，出于酬谢知己之情，她接下了《应召女郎》。这部电影在香港上映后叫好又叫座，一下将丁珮的知名度和影响力提升到一个新的层次，这在李小龙电影横行的时代是极为不易的。

但这次巨大的成功并没能阻止丁珮放缓自己拍片的节奏，因为她要腾出大部分时间来陪李小龙拍戏。

李小龙让丁珮陪同在拍摄现场是有原因的，一个是丁珮对服饰、造型有很独到的鉴赏力，还有就是她对打斗动作也有不一样的想法。

作为一个女演员，同时作为香港最早的艳星，丁珮对服饰、造型有独到鉴赏力应该不算奇怪，但是对打斗动作的想法却是让李小龙非常吃惊，就像那天在桌子下没有捉住丁珮的手时一样吃惊。而让他更加难以理解的是丁珮从未练过功夫，平时也不锻炼，但她设想的动作却是许多高手想不到、做不到的。从前在台湾时，丁珮在诊所里和治伤的帮派成员讨论打斗动作时，别人都觉得她是在瞎说。但她所说的那些动作李小龙却是可以做到的，他不但敢去尝试，而且最终能做得完美。运用到电影里可以成为吸引观众眼球的招牌动作，运用到自己的截拳道理论中可以成为很实用的格斗招式。

正是因为丁珮具有独到的灵性，以及能够与李小龙在心灵与情感上相通。所以李小龙非常希望可以和丁珮合作拍摄一部电影，他相信他们两个的合作会是最得心应手的。

当时《精武门》的拍摄已经接近尾声，所以李小龙想和丁珮合拍一部电影的计划只能作为下一步打算。而邹文怀其实早就已经想好，他准备让丁珮和李小龙合作出演正在修改剧本的《冷面虎》。

邹文怀虽然是嘉禾的老板，李小龙虽然是在为嘉禾拍戏，但是李小龙那么一个刚强的人是不会轻易屈服于谁的，包括邹文怀。而邹文怀的嘉禾要发展，反倒是要倚仗李小龙的实力。所以在处理好多事情的时候李小龙更加像老板，他为了片酬、人员等一些问题常常和邹文怀闹得不可开交。有几次索性撂挑子罢演，将整个摄制组都晾在那里。

当每次闹到最后没有办法收场时，邹文怀就会将丁珮请过来做李小龙的工作，因为能够说服李小龙的只有丁珮。而邹文怀这个老江湖早就看透了这一点，每次和李小龙商谈片酬、分成的事情时，都会拉着丁珮一起在场。因为有丁珮在，李小龙肯定会心平气和，然后对钱数也不会太计较。

由于丁珮自己有戏要拍，然后还要赶李小龙的片场陪他拍戏，所以为了来回方便，丁珮为自己购买了第一辆汽车。这辆车也是全香港第一辆奔驰敞篷跑车，金色的。

丁珮拿到车的当天，直接就开到了李小龙的片场。然后下车躲到一边，她想看看李小龙对这辆车子的反应。

李小龙根本不知道丁珮买车的事情，因为他们两个虽然关系密切，但从没有在经济上有什么过往。丁珮购置什么都是自己做主自己花钱的。

当李小龙和邹文怀从片场里出来时，一眼就看到停在门口的奔驰车。他口中轻“啊”了一声，然后快步朝着车子跑过去。

“这车子太棒了，是S级的正式版。我也要买一辆。这是谁的？眼光不错，很有品位。”李小龙连车带主人一通夸赞。

“想试驾一下吗？”丁珮从旁边出现，手里晃动着车钥匙。

“你买的？快快，快给我试驾一下。”

李小龙坐上了驾驶座，丁珮在副座上。邹文怀弓着身子进了狭窄的后排座。然后跑车呼啸一声蹿了出去。

开出去才几公里的样子，李小龙突然将车子停在了路边一家便利店前。

“你们谁下去买点水，我渴了。”

“我去买，我去买，你们等会儿，我马上就回来。”邹文怀知道这种事情眼下只有自己去做最合适。

但是当邹文怀刚走进便利店，车子就呼啸一声开走了。等邹文怀拿着几瓶饮料出来时，车子早就不见了踪影。

跑车直接往沙田开去，这一路上有很多急弯险道。李小龙应该是故意开到这里的，他要利用复杂的路况检验一下车子的性能。丁珮坐在副座上一直保持着微笑，那是一种放心和享受的表情。她自己其实很不喜欢开快车，因为将生命托付给一辆没有生命、没有情感的车子她觉得是很不理智的做法。但是现在她却将生命托付给李小龙，只要有他在，那车子就仿佛有了生命，有了情感。

李小龙驾车一路狂奔，冲上了狮子亭，在山上的一块开阔地打个旋后一下刹住，扬起一片尘埃。尘埃渐渐散去，天色也慢慢黑了下来。山下五颜六色的灯火已经亮起，给夜间的香港镶上一圈耀眼的轮廓。但是天上却看不到星星，或者是他们两人来到了高处，让天上的星星都羞于露面了。

两个人好久好久没有说话，只是将两只手握在一处，默默地看着远处。这一刻时间仿佛已经停止，万物仿佛已经凝固，尘世仿佛已经远离。

终于，汽车收音机里悠悠然传来一首优美的英文歌曲，是英格柏·汉普汀克[①]演唱的*Release Me*——“释放我自己”。*Release Me*的前奏刚刚响起，就将这两个人同时点醒。他们不约而同地望向了对方，眼睛中有激动也有柔情。

“真美！”

“真好听！”

“跳一曲？”

“好的，跳一曲！”

两个人拉开车门下了车，四目相对，轻轻拥住，在夜风的吹拂下，在优美的歌声中翩翩而舞。

当音乐结束，舞步停止，两个人却依旧拥在一起，目光始终不离彼此。

“我会永远记住这个时刻，记住这个地方。如果有可能，我会在这里买一座房子。每天看着夕阳落下，看着远处灯火亮起，然后放上这首歌曲，邀你共舞。”李小龙并不是个善于抒情的人，但他此刻很抒情。

“好的，你不买我也会买。我并不奢望永远像现在这样完全拥有你，偶尔一次已经足够。但是今天这个时刻我会永远将它保存，哪怕有一天你已经离我而去，我也会在这里放着这首歌，独自起舞。”丁珮从来不是个悲观的人，但这一刻她莫名其妙地悲观了。

后来丁珮回想过这段对话，她觉得自己当时并没有预见到什

---

① Engelbert Humperdinck，成名于上世纪60年代的歌手，有“永远的情歌王子”之称。

么，真实的意思应该是说李小龙终究是要离开自己回到Linda和孩子身边去的。而她愿意为他们全家祝福，并且永远为他守候和深藏这份感情。

第二天，李小龙便让助手买来英格柏·汉普汀克所有版本的碟片和磁带，而且是双份的。

三天后，李小龙买了一辆和丁珮一模一样的红色敞篷奔驰跑车，车牌号码是AX6521。后来有传闻说他是当时全香港第一个拥有该款汽车的人，但其实不是。最早拥有的是丁珮，她比李小龙要早三天，只是领取牌照的时间在李小龙跑车的后面。

李小龙将和丁珮一模一样的车子开到了丁珮的片场，然后在两辆车子的播放机里都装上了英格柏·汉普汀克的碟片。于是这一天人们看到的是两辆同样外形只是颜色一红一金的奔驰车并排在沙田的山道上狂奔，车子里播放的都是英格柏·汉普汀克的*Release Me*。而开车的两个人竟然还在高喊着交谈。

“好听吗？”

“好听！”

“喜欢吗？”

“很喜欢！”

“我下次带你去英国听英格柏·汉普汀克的现场音乐会！”

“你说什么？我没听清。”

“我说下次我让英格柏·汉普汀克给你现场演唱！”

“好呀，我相信你！”

然后有兴奋的喊声，还有开心的笑声。

与嘉禾合作的第二部电影《精武门》最终打破了亚洲电影票房纪录。这部电影是李小龙亲自带着丁珮去电影院看的。而这时丁珮已经真正体会到，李小龙在片中演绎的英雄角色其实就是他的本色表现，他其实就是真实世界中的一个超级英雄。

但《精武门》这部电影最后的一个镜头还是让丁珮的心狠狠地揪痛了一下。当看到李小龙扮演的陈真朝着那些枪口冲了过去，在枪声中跃起定格时，她似乎也蓦然觉得真实的世界里也有一个年轻的生命在跃起一个高度后定格静止了。

《精武门》大获全胜之后，邹文怀手里的《冷面虎》却偏偏因为导演的问题暂时搁置。而李小龙则正好借助这个时机自组协和电影公司，自编、自导、自演了电影《猛龙过江》。

《猛龙过江》这部电影丁珮依旧没有参与。因为这个剧本在很早之前就已经筹备，剧中的人物形象和特点都是针对某些演员创作的。所以女主角还是用的苗可秀。由于这是李小龙自组公司后自编、自导、自演的首部作品，为了确保其成功，丁珮也非常理解李小龙的苦衷，没有强求角色参与拍摄。

不过李小龙的《猛龙过江》丁珮几乎是全程陪同拍摄的，从准备工作开始，她就每天都到片场去。一个是为李小龙做些辅助工作，还有就是她自己也想熟悉一下李小龙功夫片的拍摄特点，为自己下一部和李小龙合作的《冷面虎》做准备。

正式开机的那一天，丁珮先去美容院找自己的专用发型师做了个新发型，然后才赶到片场。她这次又迟到一个多小时，到的时候开机仪式已经结束，李小龙已经在化妆室里化妆。

丁珮进了化妆室后，见没有什么自己可做的事情，就独自坐在旁边的化妆镜前反复欣赏自己刚做的新发型。无意间她扫了旁边化妆镜里的李小龙一眼，突然觉得李小龙的造型好像有什么不妥，让她看着有种不舒服。

“不对，你这造型不好，好像应该改动一下才好。”丁珮站起来走到李小龙身后。

“没什么不好呀，之前两部片子差不多都是这样的造型，只是服饰上有些改变。”李小龙专门的化妆师真的无法看出丁珮所谓的不好到底在哪个方面。

“我知道了，跟我来，我带你去理个发。”

李小龙在丁珮面前怎么都算不上个强者，好多事情都是听她摆布的。所以即便已经化好了妆，摄制组的各种准备也已经做好，他还是跟着丁珮去了美容院。丁珮找的还是自己的专用发型师，让他给李小龙做个发型。

“做个什么样的呢？”发型师有些犯难，因为一般而言，影片角色的发型应该由片场化妆师来做，他们了解剧情和角色特点，知道应该用怎样的发型来表现人物。

“就照我的这个样子做。”丁珮很果断地决定了。

“照你这发型？”发型师是想证实一下自己确实没听错，而且他希望回答他的能够是李小龙。

“没错，就照我的做。”丁珮又强调一遍。

“听她的，她说做什么样就什么样。”李小龙最后这话给了发型师勇气。

李小龙最后出来的发型无所谓好看不好看，但是确实和丁珮的发型非常像。然后李小龙就是以这个发型出演的《猛龙过江》，拍摄完毕后世界性发行，再创票房神奇。

不过关于丁珮给李小龙做这个发型的作用，《猛龙过江》中的一个重要演员也就是李小龙的好朋友小麒麟后来和别人谈论时说出个别人都不知道的说法。

小麒麟说，李小龙原来的发型叫娃娃头，《猛龙过江》开机时因为长得太长了就成了小鬼头。而《猛龙过江》不止是片名中带龙，主角又叫唐龙，与李小龙的龙相冲，成了龙斗局。这样的话如果李小龙是以小鬼头出演，肯定会被压制，导致拍摄不成功，票房大滑坡。而丁珮带他做的发型叫佛首头，给他增加了佛气，这样就能镇压得住了。还有在开机的当天，丁珮带他去做发型。如果说成“做发”，那就是暗指在做法，如果说成“理发”，那就是暗指理所当然要发达。所以那天《猛龙过江》真正的开机仪式其实是丁珮带李小龙去做新发型的过程。

小麒麟说的话应该是可信的，这不仅因为他是修习道教的，而且还因为拍摄《猛龙过江》的过程中丁珮与他发生过冲突。按理说他是不应该为丁珮说好话的，除非事情确实如此。

李小龙是个很重兄弟情义的人，他不管自己如何发达，声名地位到什么程度，始终都不会抛弃身边追随的兄弟。这其实可以从他拍的那几部影片中看出来，所用的配角、助理始终都是几个他自己最亲密的兄弟朋友。

小麒麟和李小龙关系很好，李小龙还承诺在合适的机会让小麒麟当男主角拍摄一部电影，但是丁珮却不喜欢小麒麟，主要原因是觉得这人什么事总是依赖在李小龙身上，自己没有发展和担当。再有是这人性格较怪异，经常会说些拐弯抹角摸不到边的话。丁珮其实并非一个很有心机的人，但她却听出小麒麟有好些话其实是在表示他心中的一些不满，嫉妒李小龙的成就，埋怨李小龙始终未曾实现让他当主角的承诺。这让丁珮觉得这人不但自己没有能力，而且贪念重，不懂得感恩。

“小龙走路的时候脚跟总是不着地的。”这句话丁珮曾听小麒麟说过好多次，而且是在不同的场合、不同的时间，有几次还是李小龙在场的情况下。她刚开始并未意识这句话所含的意思是什么，还以为小麒麟是说李小龙现在有些飘飘然，缺少沉稳了。后来有一回在台湾演出时偶然遇到给她起艺名的白大师，就顺便问了下这句话表示的到底是什么意思。

白大师解释道：“这是在咒一个人快要死了，死去的鬼魂脚跟是不能着地的。”

听了白大师的解释丁珮心中很是气愤，小麒麟这人真的太坏了，反反复复说这话咒李小龙，而且每次说得那么一本正经、心安理得的样子。不过也奇怪了，李小龙应该是听到小麒麟说过这话的，怎么从来都不跟他计较？有必要对这样一个人如此容忍吗？还是李小龙自己也不清楚这话里的含义？就算李小龙不清楚，他身边那么多人包括Linda也都应该听到过的。小麒麟说这话时根本就不避讳他们，难道他们中也没有一个人知道这话的含义，还是惧怕小麒麟，所以没谁敢斥责和阻止他说这种恶毒的话？

“如果真是脚跟离地的话，可以穿高跟的鞋子化解。”这是丁珮从白大师那里讨教来的防范措施。所以一回到香港，丁珮马上出去给李小龙买了高跟鞋，由此可见丁珮当时对李小龙是非常关心的。而从那时候开始，李小龙出席社交场合都是穿的高跟的鞋子。

有一天早晨，小麒麟和其他人聚在《猛龙过江》的摄影棚里等待开工。这天很巧，丁珮和李小龙几乎是同时到达片场的，所以两人一前一后地进了摄影棚。李小龙进来后直接去检查拍摄的灯光和布景，而丁珮没什么事情做，就往小麒麟他们这边走过来。

“小龙走路时脚跟不着地呀，而且和前些日子相比离地更加高了。”小麒麟像在自言自语。不过他的声音很大，并不在意周围的其他人听没听到。

“你说得没错，小龙的脚跟确实是不着地。可你知道为什么小龙的脚跟会不着地？”丁珮走过去直问小麒麟，仙湖般飘渺的目光此时变得特别的清澈，而清澈的湖水似乎随时都能翻起波浪来。

小麒麟左右看看，确认丁珮是在和自己说话。顿时满脸的愕然，因为他从来没有听到这样的质问。他说这话时周围的人都像没有听到的样子，包括李小龙自己。

“你只看到他的脚跟离地了，却没看到他肩上还挑着一些兄弟的脊梁骨呢。踮着脚不是为了让他自己更高，因为他已经够高了。他这样是为了让自己的兄弟们也能站直了不趴下。”丁珮直盯住小麒麟说道。

“你、你真的听到我说什么了？”小麒麟很异样地看着丁珮吃惊问道。

丁珮对小麒麟的问题根本不予理会，只管说自己想说的话："还有小龙可能也是觉得自己的脚跟根本用不着着地，他脚下的根基有你这样的兄弟给垫住、撑住，他只需要用脚掌全力往前冲刺就行了。"

小麒麟的眼睛瞪得很大，定定地看着丁珮，过了好一会儿才说出一句："太高了，太快了人就会飘，接不到地气也就没气了。"

"如果真有一天他累了，放下了，那么你们这些兄弟也就都没办法挺起脊梁来。要是他没气了，倒下了，也就不需要你这样的兄弟替他垫住根基，那么你的存在还有意义吗？"

小麒麟面颊肌肉抖动了两下，再没有说一句话。而这时候周围的其他人都用奇怪的目光看着丁珮，都觉得她突然对小麒麟说那样的话显得很有些莫名其妙。

虽然丁珮这些话是针对小麒麟的，但完全是有感而发，而后来的事情也印证了她的有感而发是准确的。在李小龙意外死亡之后，他周围的朋友兄弟大都断了发展的途径，有的甚至连生活都变得窘迫。而小麒麟在李小龙猝死后不久，他也在马来西亚因车祸年纪轻轻就去世了。

不过此后小麒麟总是尽量避着丁珮。他除了告诉别人丁珮给李小龙换发型这件事情的玄妙外，还在李小龙去世后经常说一句奇怪的话："那个女人太神了，她的预料全都没有错，更厉害的是她竟然能听到我心里嘀咕的话。"

其实丁珮和小麒麟的冲突相比之下还是非常缓和、平静，事后也确实没什么人知道。反倒是丁珮和李小龙的两次冲突要比这动静大得多，而且僵持的时间跨度也要长得多。两次冲突的起因都是丁珮想阻止李小龙的一些做法，因为她觉得这些做法是违背了自然状态的极端手段。

一个是李小龙用电击快速训练肌肉的做法。这种方法其实李小龙很早之前就已经采用了，但是随着年龄的增长，电击力的不断增加，他的承受能力已经到达了极限。

丁珮经常去看李小龙练功，这是因为她能从李小龙的练功过程中记住一些有用的动作，同时还能常常对他的招法动作提出建议。但是电击的训练她只见过一次，而且一见之下立刻逃开，远远地逃开。因为那状况让她心中很难受，很害怕，就像小时候在曹二爷家见到龙洗被摩擦时的感觉。在这之后她多次好言劝阻李小龙不要再进行这样的训练，而李小龙在丁珮说得急怒时也都满口答应，但是过后还是会继续训练，丁珮最后只能是当作不知。

还有一件事情是李小龙易出汗，作为一个公众人物他怕这个毛病会带来尴尬，于是决定去医院割掉自己的汗腺。这件事情丁珮也是极力阻拦，但经过一个多月的对抗之后最终劝阻不下，只好亲自陪他前去做了手术。

去的时候是丁珮开李小龙的车送过去的。在中环的一个大厦停下来后，李小龙下车就不再让陪着，说自己去楼上的诊所。丁珮紧紧牵住李小龙的手，虽然没有说话，但目光中流露的意思还是在阻止他不要去。李小龙与丁珮双目对视了许久，但最终还是撒开了丁珮的手转身走了。

中环周围停车很难，要走好多路才有停车场。所以丁珮索性没有停车，而是开着车在周围兜圈子。她一遍一遍地从那座大厦门口开过，一遍一遍用期待的目光期待李小龙的出现。不知为何，她总觉得有个李小龙一去不回的不祥念头缠绕着她，让她提着的心怎么都放不下来。直到李小龙再次出现在那座大厦门口后，她才长长舒了口气。

手术是否顺利丁珮并不知道，但手术之后丁珮的心中始终有一种不安。人体是个充满神秘的机构，每个器官、腺体都有着自己的作用。它们除了常见的作用外可能还有些其他特别的功能，只是直到现在都没有完全被人们窥知。所以将汗腺割掉说不定就会导致身体的整个运行系统出现脱节，带来无可挽回的损害。

这样的一种担忧始终萦绕在丁珮的心里，导致她内焦失眠，浑身上下都不舒服，以至于后来因此生病进了医院。

1973年年初，李小龙在《猛龙过江》之后再接再厉开始拍摄《死亡的游戏》。在这部片子里定好是由丁珮饰演李小龙的太太。而且前期已经拍摄了一部分内容，许多李小龙的单人镜头已经拍摄完成。

但是就在《死亡的游戏》的拍摄工作要全面展开时，李小龙接到好莱坞华纳电影公司联合拍摄《龙争虎斗》的邀请。

对于这个邀请李小龙很是纠结，他曾经的确下定决心要在好莱坞闯出一番天地的，并立志要成为好莱坞片酬最高的华人演员。但是这个目标的实现却并没有像他想象的那样顺利，在好莱坞参演的几部片子都没有产生很大的影响，所以他对好莱坞的发展环境已经失望。

而他回到香港后却是一炮走红，现在几部片子拍下来更是顺风顺水，个人影响力和声望如日中天；再加上手中正在运作着一个自己的片子，放下这一切去美国参演似乎是比较冒险的举动。

但是丁珮却不这么认为，她觉得香港的市场毕竟太小，如果李小龙想成为国际性的巨星，那就一定要将好莱坞作为起点。更准确地说应该是跳板，那是个可以帮助一些人更快捷实现目标的神奇地方。所以丁珮坚决支持李小龙暂时放下《死亡的游戏》的制作，与华纳合作拍摄《龙争虎斗》。

这一次李小龙听了丁珮的劝告，于是在这年三月份的时候暂停了《死亡的游戏》的拍摄，转而参加《龙争虎斗》的拍摄工作，在片中担任了主角。

本来《龙争虎斗》这部片子李小龙也为丁珮争取到了女主角，但是这时恰逢丁珮大病一场，不但没能参与拍摄，就连陪同李小龙拍摄都无法办到。

丁珮的这场病生得很奇怪，一直是高烧、低热地反复着，然后浑身蜕皮。病因一直都查不清，只能是退热和增加抗体。

就连唐太都对丁珮说："你别是个蛇精投胎呀，现在修炼成正果了，在经历最后的磨难转正人形。"

虽然被病痛折磨得整天恍惚，但丁珮却隐隐觉得这不是修炼成正果的最后磨难，而是某个更大磨难到来的预兆。她躺在医院里每天醒来睡去，睡去醒来，但梦到的梦境却不多，而且都是与李小龙有关的。其中最让她心惊胆战的一个梦她到现在都记得，是她和李小龙驾驶着车子撞下了悬崖。

正当丁珮在病痛和可怕梦境中抗争、挣扎时，李小龙也发生了意外情况。他在片场突然昏倒。为了找出昏倒的具体原因，不久之后李小龙在美国拍摄部分镜头时曾到医院进行了一次全面体检。在检查之后他对外宣称已经回复到十八岁时的状态，有着世界上最为健康的身体。

而现在回头再去想，有些巧合和现象似乎都在预示着该来的一切要来了。

《龙争虎斗》在美国取得巨大成功，票房击败同期上映的众多一级好莱坞大片，而且创立了好莱坞功夫片的新模式。

李小龙是六月初回的香港，然后继续投入《死亡的游戏》的拍摄。而这个时候邹文怀联系到007的扮演者佐治·拉辛比，准备在不久之后请他与李小龙合作拍摄一部电影。李小龙对这样的合作很感兴趣，这应该是他进一步拓展国际影响力的好机会。所以在邹文怀爽快地答应了一些条件后，他们开始了前期筹划的一系列实际工作。

李小龙从美国回来的第二天他就打电话给丁珮，说要带她出去。然后开车到丁珮家楼下等她，这次又等了一个多小时。

丁珮的住处就在三楼，过去李小龙来找她都是直接上去，就算要等丁珮化妆打扮也是在家里等。可这次不知为何李小龙却是在楼下车子里等的，一直都没有上楼，就好像对丁珮的家产生了某种惧意或敬畏。

丁珮下楼后，他们没有各开一辆车，而是坐的李小龙的车。这次他们也没有一路狂奔，而是缓缓行驶。车子前往的方向也不是他们常去的沙田，而是朝着大屿山方向开去。不过车子里播放的音乐仍然是英格柏·汉普汀克的*Release Me*。

那时候大屿山还没有过海的公路，他们的车子开到青衣就过不去了，只能开到青衣西边的海边，远远地眺望海那边的大屿山。他们都知道，在海湾另一边的山上有座宝莲寺，但是他们却和这佛家圣地隔着一片海。

过去他们两个开车到沙田，在山上停下车后，是如同星辰一般从上面往下俯视香港，俯视芸芸众生。但是今天在青衣，他们却是隔着海远远地眺望，是在往上仰视大屿山上的寺庙佛堂。角度不一样，所见不一样，感悟肯定也不一样。

李小龙将汽车播放器的声音旋钮转小了一些，然后轻轻握住丁珮的手，沉沉地叹口气说道："这次我在片场昏倒，就像是死了一回。"

沉默了一会儿，丁珮才柔柔地回了一句："我在医院里也像死了一回。"

其实李小龙出意外和丁珮生无名大病他们之前都没有告诉对方。不知道为何，当他们毫无铺叙地说起这些事情时两人却都没有丝毫的意外和惊讶，显得极度的平静。这应该也是一种命中注定的契合。

"那是很突然、很无助的感觉，什么都抓不住，只能往下不停地坠落。"李小龙回忆那个瞬间时的表情有些痛苦。"那一刻我心里其实很清楚，自己所有的一切都没有了，包括你。"

"有一点挺好的，那种时刻还能想到我。对了，你有没有看到我和你一起往下坠落？"丁珮轻轻地问。

"没有，倒是感觉你在什么地方很紧张地看着我。"

"只是看着，没有拉你回来吗？"丁珮又问。

“没有，你虽然看着，但是离得太远太远，就像我们现在和海那边的宝莲寺一样。”

“那么你是怎么回来的？”

“是我自己将自己拉回来的。我在心里一直对自己说，还有很多事情没有做，还有很多事情没做完，要走至少也该告个别。”李小龙此时的目光有种淡淡的忧伤。

“我的感觉比你痛苦多了，仿佛已经是进了地狱，但又被拉了出来。死过去，活过来，不断交替。就像站在阴阳交界处，而两边不停地有人在拉扯我。挣扎了那么多天蜕了三层皮才缓过来，也不知道是那三层皮替代我去了地狱还是我已经修炼得道了。”丁珮想说得轻松些，但开口之后还是显得有些沉重，可能是那些日子的折磨太刻骨铭心了。

“那你又为何说和我一起坠落的？”

“我在挣扎的过程中，曾经梦到和你一起开车坠下了悬崖。”

又沉默了一会儿，丁珮似乎觉得今天的气氛太压抑了，于是想缓和一下：“不过今天我们来的地方不错，车子开到了海边，所以也就没有撞下悬崖的可能。这样算来，对面大屿山上的佛祖还是护佑我们的。要不我们乘船过去进进香吧。”丁珮其实长这么大还从没有到寺庙里去进过香。

“唉，算了，隔着海呢，再说我马上就有事情，现在过去拜佛已经来不及了。不过你可以留下先去进进香拜拜佛，等以后有道行了再带着我一起学佛修行。”

丁珮回头看了李小龙一眼：“你是让我自己下车过海去进香？”

李小龙没有回答，而是伸手将汽车播放器的声音旋钮又调高了，然后跟着那歌声断断续续地哼唱着。

听着李小龙的哼唱，丁珮有种异样的感觉，这感觉有些像她离开干妈家时的感觉，有些像她离开台湾时的感觉。于是她的心猛然间收紧了，胸口间有些酸，有些痛，有些想要痛哭流涕的冲动。但她最终没有哭，只是呆呆地将仙湖般飘渺的目光注视着海那边的大屿山，她仿佛已经清晰地看到山上的宝莲寺了，有佛光流溢，异彩叠呈。

浮生若梦，梦醒时分

1973年7月20日 香港笔架山道67号3楼A2座

其实李小龙已经有很长一段时间没有到丁珮家里来了。虽然他们经常在一起谈剧本、聊天，前一天晚上他们两个还聊到很晚，但每次都不是在丁珮的家里。这天下午李小龙却是直接上楼进了丁珮的家，而且这次还有邹文怀陪着，就像他们两个第一次正式见面时那样。

他们这次碰头的时间安排得其实挺紧的。先要讨论《死亡的游戏》下一步的拍摄工作，这片子李小龙单独的镜头已经拍得差不多了，下一步开始要有其他演员的对手戏。而丁珮是有主要角色的，所以要将一些细节讨论一下。然后就是关于和佐治拉辛比合作方面的有关问题。这也是一个必须马上完成的工作，因为晚上邹文怀约了佐治拉辛比在金中田日本餐厅吃晚饭顺便商谈合作的事情。所以关于有些具体要求和条件他们要预先考虑好，先要保证李小龙和邹文怀的立场能够一致，然后才可以和佐治拉辛比去谈。

虽然时间挺紧，但是这天下午的事情却谈得非常顺利。后来邹文怀和丁珮回想过程时都说，主要是李小龙那天特别宽容。出现分歧的时候总是主动让步，所以才在不长的时间里把需要的事情都定了下来。谈完事情时已经将近晚上七点钟，离与佐治拉辛比约好一起吃晚饭的时间还差一些。

李小龙从椅子上站起来舒展了下脖颈，然后眉头微微蹙了下说：“我的头怎么突然疼了起来。”

丁珮听到这话后马上跑到橱柜里找出一瓶止痛片。她自己也有头疼的毛病，所以她的私人医生针对症状给她开了这种止痛片EQUAGESIC，每次头疼时就吃一片。而唐太胆囊疼痛时也会吃一片，止痛效果真的挺好的。所以丁珮觉得EQUAGESIC肯定对李小龙的头疼也有效果，拿了药倒了杯水给李小龙递了过去，看李小龙把药吃了下去。

然后丁珮看了下表说道：“还有些时间，要不你先到我房间里躺一会儿，这里离你们约好的日本餐厅很近，过去也很方便。”

李小龙皱着眉头看了邹文怀一眼：“好吧，那我先躺会儿。”

邹文怀暧昧地笑了下，他应该是有其他的想法的：“要不这样吧，我先去日本餐厅等着佐治拉辛比先生，早点去显得我们有礼貌有诚意嘛。小龙你先在这里休息下，等头痛好些了你们两个再一起过来。”

李小龙没有再说话，只是紧皱着眉头挥了挥手，然后就往房间里走去。看起来如果不是真的头疼得厉害那就是急于要邹文怀离开。

邹文怀也没再多说什么，而是拿着包赶紧出门下楼了。李小龙自己进了丁珮的房间，连鞋都没脱就在床上躺倒睡下。

丁珮为了让李小龙好好睡一会儿，也就没有跟进房间，而是坐在客厅里看电视。

丁珮从来都不会对电视节目着迷的，而且那天为了不影响李小龙休息她将电视的声音调得很低很低。可是很奇怪的是，那天她却对着一个无聊节目看忘了时间。

大概在过了八点钟的时候电话铃突然响了，把丁珮惊得连打几个寒战。电话是邹文怀打来的，问他们两人大概什么时候能到。丁珮让邹文怀稍等一下，然后探身往房间里看了看，当时房间门没有关，在客厅里可以直接看到李小龙躺在床上睡得很熟的样子。于是丁珮告诉邹文怀，李小龙现在睡得很熟，让他再睡一会儿，然后自己将他叫醒一起到日本餐厅里来。

接完电话后，丁珮继续认真地看电视。直到觉得自己肚子很饿了，丁珮这才发现时间已经过了九点，自己竟然在不知不觉中又坐在那里看了差不多一个小时的电视。于是她赶紧站起身到房间里去叫李小龙，怕他这一睡把要办的正事给耽搁了。而这次和刚才明显不一样，进房间的刹那丁珮就觉得非常不舒服，而且这种感觉她似乎曾经在哪里有过。

丁珮叫了两声李小龙，然后也轻轻推了下他。但是李小龙依旧睡得很熟，不发出一点声响。

这时候丁珮开始害怕了，她的心跳加快了，呼吸也加快了，脑子里还嗡嗡作响。这些身体反应混在一起让丁珮想起曹二爷家的龙洗，想起龙洗被摩擦后发出如同嘶喊、哭泣的声音。但这次她没有像在曹二爷家那样逃走，而事实上她也无路可逃，只能赶紧给邹文怀打电话。

“不好了，我去叫小龙起来，可他好像醒不过来了。”丁珮这时说话的声音出现了颤抖，这是过去她遭受各种惊险都没有出现过的现象。

“你先别急，我马上过来。”邹文怀从丁珮的声音里已经觉察到事情的严重性。

守在李小龙身边等候的时间里丁珮真的很害怕，比从曹二爷家逃走时还要害怕。因为她感觉到某种对自己很重要的东西正在流失，是一种情感，一种力量，一种能与自己相合相容的能量场。

邹文怀差不多是九点四十左右的样子赶到丁珮家的。其实他们约好吃晚饭的日本餐厅离丁珮家很近，但是邹文怀赶过来时却不太顺利，路上被耽搁了一会儿。

到了之后邹文怀也试着叫醒李小龙，推肩、掴脸等方法都试过，但是依旧没有醒来。于是他立刻打电话给李小龙的私人医生。李小龙的私人医生是个英国人，李小龙一直认为他具有恪尽职守、遵守时间的好品德，但是很奇怪的是这一晚却怎么都找不到他。最后没有办法，他们只好马上打电话将丁珮的私人医生找了过来。

丁珮的私人医生朱博怀只用了十几分钟就赶到了，来了之后稍稍查看了下李小龙的状态就让立刻送医院。而后来朱博怀在法庭上发表证词时说，他检查的时候李小龙的心跳、脉搏和呼吸都没有了，瞳孔虽然还没有完全开启，但已经可以确定为“没有生命征象”。

十字军救护车也很快到了，等将李小龙抬上救护车后，邹文怀让救护车直接开往伊丽莎白医院。同时还通知了李小龙的太太Linda和李小龙的大哥李忠琛，让他们都赶往伊丽莎白医院。其实当时离丁珮家最近的是浸会医院，而且朱博怀本身就是浸会医院的医生，可当时不知为何邹文怀却让送伊丽莎白医院。后来也有人问丁珮当时为何不送浸会医院，丁珮说那时根本是轮不到她做主的。

邹文怀送李小龙去往伊丽莎白医院后，又转回丁珮的家拿李小龙留在这里的东西。这时候他告诉丁珮，Linda让说李小龙是在自己家里出事的，大家对外界媒体一定要统一口径。这做法应该是很正常的，是出于对李小龙声名的保护，也是对丁珮的保护。

但一向思虑周密的邹文怀并没有把所有细节都考虑清楚，他们面对媒体询问时，描述李小龙在家出事时出现了完全不同的细节。而当《新星日报》通过十字军出车记录查出李小龙是从丁珮家送到医院的后，导致所有矛头都对准了邹文怀和丁珮。

李小龙猝死之后，丁珮才真正体会到什么是真正的磨难。那是多方位的、多层次的折磨和煎熬，而且无处逃避。

李小龙的死给了很多人情感上的突然打击，而丁珮是其中遭受打击最为沉重的一个，甚至比李小龙的太太Linda还要沉重。一个自己最爱的男人，一个自己认为是世界上最健康的男人，却突然死在了自己的面前，这种突变不是什么女人都能承受住的。

她和李小龙应该是最有缘又是最没缘的一个人。两个人虽然两情相悦，却转瞬间全化作了虚空，而且没有任何留存。就连一起拍一部电影的愿望都因为种种原因没能实现。本来在《死亡的游戏》中她要演李小龙的太太的，但最后这真的成了一场死亡的游戏。而Linda至少还有一对儿女，有一个处处都留有李小龙痕迹的家。

但是更加汹涌而至的是对她心理和名誉的打击，最早是香港《新星日报》的记者发现送李小龙救护车的出车单不是从他自己家里出来的，而是从丁珮家出来的。于是在宣布李小龙死亡的第二天，媒体首先发难，以获取到的多个证据捅开邹文怀未能圆满的谎话。由于李小龙的身份和知名度，所以政府针对此事立刻成立死因研讯法庭进行调查。所有这一切都将丁珮推上了一个风口浪尖，各种责难和质疑如山压来。当李小龙是死在她床上的事实完全证实之后，她更是成了众矢之的。许多人都觉得是丁珮将李小龙害死的，即便不是她害死的，那死因至少也应该与她有很大的关系。所以李小龙的崇拜者们都将愤怒发泄到了丁珮身上，甚至有人危言要对其进行生命上的威胁。

而最为可怕的是局面的混乱和思维的迷茫。丁珮不是个工于心计的女人，一向爽快直接，不畏人言，但是在李小龙死亡这件事情的调查过程中，她却发现自己置身于一个谎言垒起的危塔上。

有人在说谎，是出于好意；有人在说谎，却好像毫无意义；

还有人说谎，应该是别有用意。而这种混乱的状况搞得丁珮无法正常思维，面对调查根本不知道说什么才合适。因为她不管说出什么来，死因研讯法庭的调查人员都会拿出别人与她所说情况有很大差异的一些证词来。她感觉自己就像个困兽落在布满刀锋、尖钉的陷阱里，怎么动都是伤害。

这种情况是她从未遭遇过的，而且身在其中真的很无助，很无力，感觉非常绝望。所以到最后她在各种不同证词的反驳、各种刨根问底的追问下方寸大乱，举止言论颇为失态。

而她所说的证词越和别人对不上，人们对她的怀疑也就越大。因为在逐渐还原的过程中，是她给李小龙喝过水、吃过药。李小龙生命的最后一段时间，只有她和李小龙单独在一起。而且朱博怀虽然证实自己曾给丁珮开过一种针对头疼的止痛片EQUAGESIC，但他却无法确定当时丁珮给李小龙吃的就是这种止痛片而并非其他什么药物。种种情况带来的后果就是不管她说什么都被认为是谎言，即便说出最为真实的经过也没人相信。

丁珮知道这样继续下去对自己的处境会越来越不利，所以万般无奈之下她只能采取消极应对的方式，索性将自己搞成近乎精神失常的样子。而当死因研讯法庭调查人员向她证实一些问题时，她要么沉默以对要么答非所问，一有合适的机会就不断重复表明自己的清白。

幸好的是关于李小龙的死很快就有了结论，法庭根据获取到的各种证据，分析了李小龙死因的十种可能性，这十种可能性都与丁珮无关。

对李小龙死因的最后裁定是：“死因不明”。虽然这个结论很是模糊，也让很多人不能信服，但至少是让丁珮在官方调查的结果上有了很大幅度的解脱。

在这段艰难的时间里，丁珮最感谢的是自己的家人，他们一直支持着自己。还有让丁珮非常感谢的是李小龙的太太Linda，她没有责怪丁珮，反是找一些机会来安慰丁珮。而这样做的原因除了Linda是个宽容大度的女人之外，还因为李小龙在活着时曾经交代过她，不管什么时候，都要好好对待丁珮、尊重丁珮。

一个才26岁的女子，突然之间经历了失去挚爱的极度痛苦，随即又遭受到狂风巨浪般的各种压力。这也就是丁珮，一个骨子里很像男子的坚强女子，换其他人的话肯定彻底崩溃了。当法庭调查全部结束之后差不多三个月时，丁珮决定离开香港一段时间。李小龙死亡事件的余威未消，她需要出去避避风头，同时也是想借这机会修复一下自己的状态。

1973年11月 日本东京

在日本度假的这段时间里，她再次体会到无穷的孤独感。这孤独感比在瑞士时更加浓重，这是因为在经历了前面那些纷纷扰扰、口争脑斗之后，到这时她心中才真正地意识到自己曾经拥有的最为美好、最为宝贵的时光已经永远地失去了。只能是在思念中无望地幻想，在虚空中挣扎着追寻。而最终幻想依旧是幻想，虚空仍然是虚空。

刚到日本的时候，她每天都将自己关在帝国饭店的房间里，坐在窗前，面向天空，喝光了一瓶又一瓶的酒。但酒精似乎并不能麻醉她的心灵，反而让她的思念变得更加清晰，让幻想中的李小龙更加清晰，让一切不可复归的痛楚更加清晰。

酒店里的服务生发现到她状态的异常，于是当她再次将房间里所有的酒喝光之后便不再往房间里送酒。所以在一个慵懒的午后，当丁珮无法再从房间里找到一滴酒时，她非常难得的以素装素颜出现在了帝国饭店楼下的酒吧里。

下午的酒吧只寥寥几人，朝向花园的玻璃窗都敞开着。清冷的风肆无忌惮地吹入酒吧，旋带起淡淡的草木香味。将微微湿气扑上丁珮的面颊，让她干枯许久的容颜又有了些许滋润之色。

两杯酒喝了下去后，身体涌起了一股暖意。于是她将裹得紧紧的披肩松散开来，将绷得紧紧的意识放松开来。而当她端起第三杯酒送到唇边时，在酒色的晃动闪烁中她看到了一架漂亮的钢琴。

酒杯从唇边慢慢放下，脚步朝钢琴缓缓走去，此时仿佛有*Release Me*的前奏在她脑海中飘荡，像叹息，像哀怨。

丁珮站在钢琴前，一手端着酒杯，一手在钢琴上弹击了几个键，这几个键发出的单调音符正是*Release Me*的前奏，与她脑海中飘荡着的*Release Me*前奏混合在了一处。

一个浑厚的男声响起，演唱起了*Release Me*。丁珮并没有在意，她只是单手继续往下弹击着*Release Me*的音符，与响起的男声相伴响起。

但是才弹出短短一段旋律，丁珮就突然停住了。然后转头四顾，寻找那演唱的男声。

男声是从窗边响起的，一个外国男子边唱边从靠窗的一个酒台走过来，走到钢琴前坐下。舒柔的十指落在琴键上，随之而起的是动听的弹奏，伴奏着动情的演唱。

是英格柏·汉普汀克，真的是英格柏·汉普汀克，*Release Me*的演唱者。他竟然就在这里，他竟然正在为自己弹奏歌唱。

丁珮那一刻完全呆滞了，她的手依旧下意识地在钢琴上弹击，一个个单调的音与英格柏·汉普汀克的弹奏融合在一起，成为别具一格的和音。而有了这和音，歌曲似乎变得更加情感充沛。

此刻丁珮的脑海里闪过了李小龙的笑容，闪过了李小龙矫健的身形，她仿佛看见奔驰车随着*Release Me*的歌声在一路飞驰，李小龙转过情意浓浓的笑脸朝着丁珮在高声地喊着“好听吗？”“喜欢吗？”“我下次带你去英国听英格柏·汉普汀克的现场音乐会！”“我说下次我让英格柏·汉普汀克给你现场演唱。”

瞬间，丁珮泪如雨下。

李小龙的死困扰着她、折磨着她已经三个多月，媒体的穷追猛打，粉丝的责难恐吓，法庭的审讯盘查让她没有时间也没有心情去痛苦、去流泪。而且她的性格是遇到越多磨难便越发坚强，所以面对那种处境时她不想表现出柔弱、无助，而是要以勇敢和坚强面对一切。她相信这也应该是李小龙希望的样子。

但是此时此地，远离了所有的磨难，丁珮呈现的就是一个最柔软的自己。*Release Me*！释放我自己！面对葱绿的大花园，沐浴着清爽的凉风，在异国他乡的酒吧里，在英格柏·汉普汀克的歌声和琴声引导下。她所有的情感顿时全部倾泻了出来。

泪水在脸上肆意纵横，但她没有去擦拭，也不想去擦拭。她愿意让眼泪一直这样流淌下去，直到哭干最后一滴。而在她心里则在不停地反复着一句话："好的，我相信你！好的，我相信你……"

所有一切都像是老天在冥冥之中安排好的，也或者是李小龙的灵魂在继续完成他的承诺。丁珮在日本度假时，英格柏·汉普汀克正好也在日本度假，正好也住在丁珮住的帝国饭店，正好也在那个慵懒的午后坐在酒吧里。于是当听到丁珮弹奏起*Release Me*的几个前奏音后，他兴之所至，放声和唱，将自己拿手的*Release Me*献给了这个孤独的、忧伤的却依旧美丽的女人。

而就在丁珮赴日本度假的这段时间里，李小龙被国际权威武术杂志《黑带》评为"世界七大武术名家之一"，美国报刊赞誉他为"功夫之王"，日本人称他为"武之圣者"，后来还在富士山建了一座李小龙塑像。但这塑像没过多久就不知所踪，可能是因为李小龙曾经打败过许多日本高手，所以有怨恨他的日本人将其塑像给毁了。

“是你害死了李小龙”

丁珮度假之后回到香港，她以为经过这么段时间风波差不多应该平息了。而事实上铺天盖地的舆论责难确实是少了，但暗中的危机却变得更加凶险，因为有人真的想要她死。

其实早在李小龙出事后的第三天夜里，丁珮就和妈妈带着一点换洗衣物逃出了笔架山67号的住所。因为那几天里这个住处每天都被媒体狗仔队团团围住，丁珮不堪其扰，另外待在那个房子里也感到害怕。于是趁着半夜偷偷逃出，躲在了太子道附近的一家公寓里。每天吃的用的都是请朋友外出买来的。

从日本回来后，她将笔架山道67号的东西都搬了出来，重新租住了一家公寓。因为笔架山道67号那地方会让她勾起很多伤心的事情，还有她在那里也确实感到害怕，因为就连李小龙这样强大的人都在这个地方诡异地死去了。而丁珮毕竟只是一个才26岁的孤身女子，即便再胆大妄为、无法无天，但在这世上还是有很多让她害怕的东西，特别是一些只有像她这样具有灵性的人才能发现的东西。再有就是继续住在笔架山道67号她怕会遭到狗仔队和李小龙狂热粉丝的骚扰。而公寓中毕竟人多，而且有管理员和安保可以替自己阻挡一些麻烦。

虽然住在公寓里，不过骚扰恐吓的电话还是不断接到，有诅咒她死的，有让她自己去死的，还有威吓要杀死她的。但这些在维持了一段时间后也逐渐减少了，最后只有一两个电话仍在坚持。而这一两个电话里都是低沉的男人声音，所说的话也都差不多：“你应该自杀谢罪，你应该去跳楼……”以至于到后来丁珮只要接到电话听到最前面几个字的声音就知道是什么电话，会立刻把它挂了。

由于前期的打击和压力，丁珮开始了酗酒。每天除了在片场拍戏和参加一些舞台演出外，她都将自己喝得昏昏沉沉的，这是想用酒精来浇灭自己心中的痛苦和孤独。有人说丁珮只有在片场和舞台上时才是清醒的；但也有人说那些时候她可能还不如喝酒时清醒，因为那时候她已经不是她自己了。

有段时间香港很多酒吧里都可以看到丁珮的身影，而后来她只固定在住处附近的一个酒吧里喝酒，这是因为发生了一件可怕的事情。

1973年年底的一个夜晚，记得那一年的天气挺冷。丁珮从尖沙咀的一家酒吧里出来，这时候她其实没有喝多少，因为才坐下就有个朋友打电话到吧台找她，让她赶到另外一个酒吧和几个朋友一起聚一聚。

朋友约的酒吧不远，从酒吧隔壁的一条巷道穿过去，步行十分钟的样子就能到。于是丁珮背着金属链包带的单肩皮包出了酒吧门，绕进旁边路灯昏暗的巷道。从这里穿过直接到另外一条街上，可以缩短不少距离。

刚走进巷道里面丁珮就打了个寒战，也许是巷子里的温度比外面还要低吧。于是她将外套裹紧一下，同时脚步稍稍加快。但走出不远她就觉得有些异样，身后似乎有人跟了上来。这条巷道虽然挺宽的，但没有一家店铺、住户。应该算是条后街，只有一些酒家、酒吧的后门和一些公司大楼的消防通道。平时除了给酒家、酒吧送货的小车进进出出外，一般没什么行人。所以独自在这样寂静昏暗的巷道里行走时突然发觉身后始终跟着个人，那感觉还是非常恐怖的。

丁珮的脚步变得急促起来。巷道不算长，只要走到另一头就是人来人往的大街，那就安全多了。而后面跟上来的人并没有同样加快步子追上来，这让丁珮松了口气。觉得可能是自己紧张了，也许只是很巧合地有人和自己同时想从这里走过去。

但就在她已经走到巷道一半距离的样子，前面突然闪出来两个人影，朝着她迎面而来。这两个人出现得很突然，刚才可能是一直在暗处紧贴住墙站着的，否则丁珮应该能看到。

而就在这个时候，后面的脚步声也快了起来。丁珮回头看了一眼，追上来的是个身材很魁梧的身影。丁珮快速权衡了下，她决定转身往回走。因为后面的身影虽然魁梧，但只有一个人。而巷道挺宽的，自己冲过去的可能性要大些。

但是她才刚刚转身，那三个人就一起冲了上来。丁珮只来得及顺势将其中一人推了出去，就已经被另外两个人摁住了手臂。

“各位老大，有话好说，钱全在包里。”丁珮混过帮派，很懂江湖上的一套。她情愿遇到的是打劫的而不是寻仇的。

“你这该死的女人，让你死你不死，那我们就来帮你。”后面那个很魁梧的人恶狠狠地说道。

“怎么解决？”刚才被丁珮推出去的那个人回转过来问道。

“就近找个消防楼梯。”魁梧的人很果断地决定。

丁珮顿时吓住了，她感到头皮发麻，腹背肌肉绷紧，后脖颈上冷汗直流。之前虽然遭到很多恐吓威胁，却从来没有觉得有什么人会真正要对自己不利。但是今天她实实在在地遇到了，而且从那三个人的对话里听，他们是要将自己带到高处，然后造成坠楼而亡或跳楼自杀的假象。

“认错人了，老大，你们肯定认错人了。我谁都没得罪过呀。”丁珮边说话边坠着身体慢慢往前挪步。她知道如果硬坠着了不走，那么三个人完全可以将自己这样的体重轻飘飘地架起来走，那样的话自己反而没有一点借力挣脱的机会了。

三个人听了丁珮的话后明显出现了些迟疑，他们放慢了脚步，而有一个摁住她手臂的男子甚至侧脸过来看她的相貌。

“我是从新加坡过来旅游的，你们肯定认错人了，放了我吧……”丁珮发现这三个人出现犹豫了后，便以更加确定的语气来让他们相信自己。但她知道这话只能是暂时扰乱一下这三个男人的判断，最终想要借此脱身是绝不可能的，必须另想其他办法。

这时候他们正好走到一处下坡道上，大家的脚步不由自主地就快了起来。而丁珮也就是在这个时候突然改变了状态，不但不往后坠住身体，反而是改作身体前倾，主动加快速度朝前跑了过去。

丁珮往前快跑不是盲目的，而是看准了一个目标才这样做的。目标是路边的一个路灯杆，丁珮是将自己的身体朝着那个路灯杆冲撞了过去。在丁珮的带动下，左右抓住她手臂的人脚步也不由自主地急促了起来，而跟在背后的第三个人则被一下拉开了好几步的距离。

一左一右抓住她手臂的人虽然是被带动着往前急步快走，但他们并没有意识到这是丁珮故意身体前倾并加速造成的。只以为是下行坡道导致他们脚步有些收不住了，而丁珮只是在做很正常的挣扎而已。

两个人一左一右抓住丁珮横成一排，而这时前面恰好有个路灯杆，中间的丁珮被杆子挡住过不去。而三人此时的脚步越来越快有些收不住了，想要停下脚步重新调整成前后竖排已经来不及。只能是其中一人暂时放开丁珮的手臂，等过了灯杆后再重新抓住。

丁珮要的就是这个机会，当左边的人刚刚放开她的手臂，她这左手臂便立刻垂下旋动了个圈。这样可以让挂在臂弯上肩包的金属链包带稍微绕得紧一些。然后猛然上提，用力挥舞，将单肩包甩砸向抓住她右手臂那人的脸部。

右边的人不知道黑乎乎砸向自己脸部的是什么，于是下意识松手躲开。挣脱了控制的丁珮顺势往前快速迈步，同时将肩包反手砸向左边那个刚好绕过灯杆的人。左边的人被砸中的是胸口，但肩包的打击力对胸口根本不能造成伤害，反倒是被那人一把捞住了单肩包。

丁珮用力回拉单肩包的包带，包是夺回来了，但是一侧包带的挂钩却被拉断了。而且丁珮顺势急步朝前的状态被这么一拉一带之后，身体斜着冲向了一侧墙壁。而等她扶住墙壁站稳脚步并回转过身时，那三个男人已经呈一个三角状将她围堵在墙边。

“想逃，把她砸晕了抬着走，免得又是挣扎又是喊叫的，麻烦。”刚才差点被肩包砸了脸的男人说道。

没人附和这男人的话，但是那个魁梧的男人真的拿出了一根橡皮硬棍，晃动着朝丁珮一步步地逼近。

丁珮仙湖般的眼睛中有冷光一闪，她抬脚踩住拖在地上的肩包，双手抓住金属链的包带猛然一个用力，将另一只挂钩也拉断了。然后她将金属链包带折成双道，右手紧紧握住中间肩背处有软皮的位置。含背弓腿，深吸口气再嘬嘴缓缓呼出。

就在那个魁梧男人将棍子举起的过程中，丁珮突然发出一声“咿呀”的喝喊声。尖利的喊声将那三个男人一下惊吓住了，因为声音很像李小龙。而接下来金属链包带如同狂风暴雨般的快速抽打，则让三个人连惊吓的机会都没有了。

丁珮舞动着金属链包带，她仿佛看到自己回到了军官俱乐部的游泳池边上，她仿佛看到李小龙在片场上挥舞双截棍。而渐渐地，她看到的这两个影像汇聚到了一起，汇聚到现在真实的丁珮身上，让她既有舞蹈般漂亮的攻击动作，又有制敌于瞬间的坚定和狂狠。

三个男人最开始还试图从狂风暴雨般的链影中突入，再次控制住丁珮。但紧接着他们发现自己连逃走的可能都没了，完全被挥舞的链影覆盖。很快，三个人都倒在了地上，其中有两个在痛苦地辗转呻吟，还有一个则像死了似的一声不发。

当狂风暴雨结束之后，留下的只有满地的落叶和檐下犹在滴挂的水滴。此刻满地的落叶是那三个男人，还有他们身上落下的衣服碎片。而犹自顺着丁珮手中的金属链滴挂下来的血珠，就如同檐下滴挂的水滴。

这是丁珮最为凶狠的一次攻击别人，因为她要保命。这也是她最后一次凶狠地攻击别人，因为那一次四溅的鲜血、绽开的皮肉让她从心底生出一种不忍。也是在那一天的晚上，她开始觉得这种击倒别人甚至夺取别人生命的方式并不是解决问题的最好方式，这世界上应该有宽容、慈悲的方法可以用来更好地解决问题。

这个遇袭事件丁珮并没有报警，她觉得这样做可以给要对付自己的人一点回旋余地，逼得太紧只会让对方采用更加极端的方式来对付自己。所以除了丁珮的家人和一两个最要好的朋友外，并没有其他人知道她遇袭这件事情。

为了避免再遇到麻烦和惊险，之后丁珮一直都在离家很近的爱迪酒吧喝酒。而且她也开始注意控制饮酒量，开一瓶酒喝到一半就不再继续，将余下的酒存放在酒吧里果断回家。所以有段时间爱迪酒吧里丁珮的存酒品种多达二十几个。

也正是因为存的酒太多，所以丁珮每次到酒吧里点酒都不知道自己是否有这种存酒在，要服务生看过后才知道。而不久之后的一段时间里她不管点什么酒竟然都是有存酒的，这让她感觉有些奇怪，还专门问了下服务生有没有搞错。

没有搞错，因为只有这样开过的存酒才可以做手脚。因为只有在存酒中做了手脚，才能采用另一种方式来达到别人用其他方式达不到的目的。

丁珮的饮酒量再次变得无法控制，而且远远超过了之前的最高量。可即便这样她依旧无法感到满足，总觉得缺少了些什么。直到有一次别人给了她一支含有大麻的烟，她才重新找到了愉悦感和舒适感。

于是丁珮一下子陷入了又一种磨难，是肉体上的，更是精神上的。而最终的目的是要让她在寻找愉悦和舒适的过程中逐渐丧失意志，然后被别人掌控或摧毁。

酒精和大麻将丁珮推入了阿鼻地狱，她整天都是浑浑噩噩的一副状态。本来是个最爱美的女人如今却完全不顾形象，每天不是被酒精醉倒就是被大麻熏昏。这种状况持续了近一年，最后就连丁珮自己都不知道自己是人还是鬼了。她的意识和思维都开始变得混乱，记忆力也快速下降，好多次遇到非常熟悉的朋友都认不出来了。而这段时间中她虽然也接到一些片约，角色也很是重要，但是从片中的表现很明显可以看出，她的表演已经没有了以往的灵气。风头完全被其他角色压住了，天生就有的一种气势、气场已经不复存在。

1975年年初，唐太和大姐觉得丁珮这样下去肯定不行，于是强拉了她去了医院。在多个医科诊断之后，她的诊断资料被转到了精神科。

“你酗酒？”医生边翻阅检查资料边问。

丁珮麻木地点点头，她那双仙湖般的眼睛已经呆滞恍惚，就像被一片浓厚的云层笼罩。

“你还吸食大麻？”

丁珮依旧麻木地点点头。

“什么？你还吸大麻？什么时候开始的？”唐太和大姐都极为意外，他们虽然知道丁珮在李小龙去世之后一直精神萎靡、以酒浇愁，但从来都不知道她还在吸食大麻。

丁珮迷茫地看着妈妈和大姐，眉头艰难地皱着，嘴唇痛苦地抖着。她这是在试图回答唐太和大姐的问题，可是却怎么都想不起来自己到底是什么时候开始又是因为什么开始吸食上大麻的。

“综合各科诊断的结果，丁小姐的问题是出在精神方面，通俗的说法叫刻意性自损。这是一种故意自我毁坏和逃避真实状态的精神疾病。”

“很严重吗？”唐太不无担心地问。

“很严重，像她的这种精神疾病一般是由于遭受突然打击和负载了巨大心理压力造成的。再加上之后的酗酒和吸食大麻，已经对大脑局部造成实际损伤。从她现在的样子来判断，应该已经丢失了部分记忆。而如果再不戒毒戒酒并加以治疗的话，丁小姐将会永远失去记忆能力。

丁珮听懂了医生的话，但是她没有戒毒戒酒，也没有住院进行治疗。因为这样的结果正是她所希望的，忘却也许是排解心中苦痛的最好方法。

虽然医生强烈建议住院治疗，唐太和大姐也再三地劝说，但是丁珮怎么都不愿意配合。最终只同意开一些镇定的药物带回家，自己尽量按时服用。

真的没人能劝说丁珮，更没人能阻止丁珮，她依旧我行我素出入酒吧酗酒吸大麻。而当她患有精神病的消息传出之后，一些朋友一下子就疏远了她。这也难怪，谁都不会愿意和一个酗酒吸毒的精神病玩在一起。特别是一些具有影响的明星、大亨，他们都需要保持自己良好的公众形象。所以那时候最愿意接近丁珮的只有酒吧里的酒保和那些偷偷卖大麻给她的人。

而有一个晚上很是奇怪，丁珮坐在酒吧里已经喝光整瓶的洋酒了，却还没有一个兜售大麻的过来和她套近乎。而那些身上本来多少总会藏一两支大麻的酒保、侍应今天也都说没有。于是丁珮开始变得烦躁起来，陷在大沙发里辗转反侧，样子非常难受。

当丁珮开始狂喝第二瓶酒时，一个西装革履的陌生男子大大咧咧地坐到了她的旁边。这人不打招呼也不说话，而是先掏出个烟盒打开，从里面拿出一支支大麻烟整齐地排放在沙发前的矮几上。

丁珮根本没有看坐到旁边的到底是什么人，眼睛只是盯着那些大麻烟。她也一句话都没说，等烟盒里的大麻烟全部都排在几面上后，她大概估了下数量，然后伸手从挎包里摸索着往外掏钱包。

钱包还没从挎包里掏出，就被坐旁边的男子用一个手势阻止了。

“这些货是非卖品，你只要给我签个名，那么这些就都是你的了。”说完这话，那男人将一张纸连同钢笔放在了丁珮的面前。

丁珮开始以为遇到要签名的粉丝了，于是想都没想就把笔和纸接了过来。可拿到手之后她却发现那纸上已经写满了文字。丁珮强睁着已经有些蒙眬的醉眼，草草扫看了下纸上的文字，看出那张纸是一个类似声明的文件，内容和李小龙死亡事件有关。丁珮虽然看得很含糊，但是她却注意到了其中的一句话：“我给李小龙吃的是一种提升性欲的春药，而且剂量很大。”

“这是一个谎言，他们要我签字证实这个谎言到底是出于什么目的？”丁珮心中暗想。虽然她有可能已经损坏了大脑，丧失了些记忆，但她还没有真的变傻，应有的判断力和警觉性依旧保留着。

“签个名字就行，签了这些大麻就都是你的了。如果不签，那么从此以后你就算有再多的钱，我都可以保证你在香港再也买不到一支大麻。”那男子很悠闲的样子，就连威胁的话都说得轻轻淡淡，应该是觉得自己已经完全掌控了局面。

丁堀握住了钢笔后段，另一只手慢慢将笔盖旋下。

坐在旁边的男子很释然地将身体往后靠上沙发背。他知道丁堀会签的，事情的结果会和他策划的一样。

“咿呀！”丁堀的这声喝喊低沉而嘶哑，没了以往的清亮高亢。但是像她现在这个样子还能发出如此愤怒、抗争的喝喊，则让人感到更加强烈的意外和震惊。

随着这声喝喊，她握住钢笔的手如闪电般地一个反甩，直奔男子刚刚靠上沙发背的面门而去。速度还是那么快，甚至在酒精和愤怒的双重刺激下，比以往的动作还要快。那男子根本无法躲闪开，只能下意识地闭眼、张嘴，等待着疼痛的来临，准备着痛苦的惊呼。

握着钢笔的手紧贴着那男子的面颊而过，将钢笔深深戳进了沙发的靠背里。

“如果再有下一次，这钢笔会从你眼睛插进去。”丁堀的威胁也说得轻轻淡淡的，但给别人的感觉却更加真实。

钢笔兀自钉在沙发背上，而那男子的脑袋则靠紧在沙发背上，动都不敢动。他紧闭着的双眼在紧张跳动几下后赶紧睁开，惊恐地朝丁堀大睁着。而一直半张开的嘴巴始终都未来得及发出惊呼，只是在快速地喘息着。

“顺便提醒一下，我有医院确诊的精神疾病，就算无缘无故地伤了你杀了你也只是需要住院治疗，不会去坐牢。”丁堀继续轻轻淡淡地说。

“对、对。我……”那男子似乎刚刚意识到这个事实。

而当丁珮镇定地说完这些话后，她的样子一下变得狂暴起来。一把抓起面前的酒杯，扬手远远地泼洒掉。刚才她的喝喊声已经惊动了周围的一些客人，而现在她将酒洒到了更多客人的身上，在酒吧里引起了一阵小骚乱。

泼洒掉酒后，丁珮单手提裙，抬起一只脚来，将厚厚的高跟鞋底落在沙发矮几上。重重地踏住那些排得整整齐齐的大麻烟，并且用力碾踏了两下。然后用带有血色的眼睛环视下周围，朝着那些用很奇怪眼神看着自己的客人们狠狠地喊道：“戒了！都戒了！你们想要把我毁了吗？那我就偏要好好地活着！”

丁珮是在酒吧里被点醒的，那张满是谎言的声明让她突然意识到些什么。但当时她其实并没有能马上想通是怎么回事，只是觉得自己被当成了一种工具，或者是达到别人某种目的的一个途径。这件事情与李小龙的死有关，然后又是采用这种威逼利诱的方式要自己说谎，那么其中肯定是有对李小龙或对自己不利的因素存在。

而之后丁珮用了整整三天三夜的时间来想事情。这三天三夜幸亏是有医院带回来的镇定药物，这才让她可以在没有吸食大麻和大量饮酒的状态下对一些事情和现象进行思考。然后在唐太和大姐的不断提醒帮助下，她终于是回忆起一些东西，整理出一些思路。

从一年前遇袭，到后来不知不觉中就吸食大麻上瘾，再到有人让她签署一个满是谎言的声明，这些事情越来越清楚地表明是有人在为了某些目的刻意操纵，而绝不会是个别李小龙的狂热崇拜者所为。

说到目的，那无非是出于利益或声誉。李小龙虽然死了，但是他的武学思想还在，传承他武学思想的协会、派别有很多，世界各地崇尚、崇拜他武学思想的人则更多。所以李小龙留下的无形资产仍是一个巨大金矿，就“李小龙”这三个字的概念可以有无数延续、附属、拓展的一系列产品。而为了更好地挖掘这个巨大的金矿，有很多人需要李小龙的死是英雄的、伟大的。

但是李小龙的死含有太多的负面信息，这些信息是会影响到他武学传承的信服度和关联产品的价值。所以有人要排除负面信息，重塑李小龙的形象。而丁珮正是产生负面信息的关键，如果她自杀了，或者被毒品、酒精毁掉了，那么别人就可以将李小龙的死亡原因以各种方式栽赃于她。说成是被她故意加害、无意伤害或者被迫谋害，这样接下来也就可以重塑李小龙完美的英雄形象了。

另外还有一点很重要。李小龙死之前丁珮曾给他服用了一种药效比阿司匹林猛烈的止痛药EQUAGESIC。最初调查时自己如实陈述，结果这种药受到很多人的质疑和怀疑，药品制造商的声誉和利益受到影响。而后来邹文怀、朱博文的陈述与自己都有所出入，这背后似乎存在一些蹊跷。由此推断制药商那边可能也在做着些努力，希望自己可以忘记一些事情或者直接承担罪责。

当然，其他肯定还有一些方方面面也是想让自己永远闭嘴的，只是丁珮已经损坏的大脑还未能发现到。

直到这个时候，丁珮才意识到自己其实早就陷在一个绝境里，而且在自己根本没有觉察的状况下被一步步推向悬崖。

世事往往如此，当一个人意识到自己处于绝境之后，反会激发出求生的欲望。丁珮也一样，她断然坚定了信念：“拯救自己，逃离地狱。”

有人说坠入地狱很痛苦，因为会在十八层地狱中的某一层受苦受难。但是要想逃离地狱的话则会痛苦十八倍，因为那需要在每一层地狱中煎熬一遍。

丁珮从地狱中逃出来了，当她重新风姿绰约地出现在别人面前时，她说她这次至少死了三回。很难想象戒毒、戒酒、治疗精神疾病三管齐下是怎样一个痛苦的过程，但只有寥寥几个人知道她当时是怎么熬过来的。而这几个人都被她一再关照过，绝不对外说出那是怎样一番情形。因为丁珮不想让别人知道她最惨、最衰的样子，她想让人们只记住她最为艳丽的一面。她要告诉所有的人，就算磨难再深重百倍，她的心依旧是鲜活的。

根据李小龙的武学思想，逃脱永远不会是结束，逃脱只是第一步，紧接着应该是反击。而最成功的反击也就是最成功的逃脱。

《李小龙与我》

逃离地狱后的丁珮果断决定反击，向她根本不能确定的目标反击。李小龙给丁珮留下的遗物里有枚截拳道的徽章，徽章上铸着“以无法为有法，以无限为有限。”丁珮并不能完全了解这两句话的武学含义，但是她却从中得到另外的启示：“不要去做无法做到的事情，应该利用自己最有利也最有力的办法来对付目标；不要盲目追求了解目标的全部后才下手打击，只要认清并抓住目标某个柔弱的局部进行打击，打击了局部也就是打击了它的全部。”

对于丁珮来说，最为有利和有力的就是电影，而目标最为软弱的局部是李小龙之死对别人利益和声誉的影响。所以她要将别人最害怕展现出来的负面信息通过电影表现出来，然后再以退为进，将主动权掌握在自己手里。

但是这种题材的片子不是谁都敢拍的，搞不好就会得罪很多方面的势力。丁珮想来想去决定去找邵逸夫，当时在香港也就只有他有能力、有势力、有胆量来拍这样一部电影。

邵逸夫见到丁珮很是惊讶。他已经好久没有见到丁珮了，而且听到很多关于她现状的传闻，觉得这个很有希望的女演员已经被彻底毁了。可是当丁珮亭亭玉立地站在他面前时，他感觉这个女人真的不得了。她就像凤凰涅槃了，又像妖女得道成仙了，现在在这个世上可能已经没有什么她不敢应对的困难。

听到丁珮的提议后，邵逸夫考虑了好一会儿，最终说了句："你要敢拍我就敢拍。"

丁珮没有说话，只是朝着邵逸夫挑了下大拇指，那姿态与李小龙的标志性动作很有着几分相似。

也就是在这一天，根据李小龙武学和哲学遗稿《武道释义》编辑整理而成的《截拳道之道》一书由美国奥哈拉出版社正式出版。该书出版后，很快被译成9种文字畅销全球，被欧美武术界奉为"武道圣经"。截止1999年，前后重印40余次。

1975年，邵氏公司开拍《李小龙与我》，丁珮扮演女主角，也就是她自己。剧本内容大部分由丁珮提供，片中她以自己的角度把功夫影帝李小龙生前第一手事实公之于世，包括她如何认识李小龙，如何发展成可以倾诉肺腑之言的红颜知己。而全片最重头戏的部分是对李小龙死因的交代。这一段用了许多床上的激情镜头，然后还有李小龙吃药的镜头。这部电影一出，几乎所有人都以此作为李小龙最为真实的死亡记录，而丁珮也再次成为媒体的关注焦点。

这部电影就是丁珮的一次有力的反击，她将李小龙死亡时的一些负面信息全部暴露出来。在她提供剧本时她就想好了，一些想毁掉自己的人害怕看到什么，那自己就拍出什么来。

当片子正在热映之际，丁珮接受了媒体采访。记者见到她的第一个问题就是片子里拍的到底是不是当时的真相。

“现在还真不能确定它是不是真相。如果我突然遭遇到什么意外的话，那这部电影便成了最为真实的再现。因为是我提供的剧本，是我亲自参与的拍摄，谁都会认为这就是真相。但如果有另一个更加确切的真相来推翻这个电影，那么它就不是真相了。当然，推翻电影的另一个真相只有我有资格来公布。也就是说，到时候我说什么是真相那什么就是真相了。所以那些不愿意看到电影中描述内容的最好为我祈福，或许过个三四十年，我活舒服了活高兴了，就会披露出一个完全和这不一样的真相。至于那些想在我身上做文章的人还是就此放弃吧，否则我被逼之后精神混乱而臆想出的真相，有可能会直接成为某些人的罪状。”

丁珮这段话只在两家报纸的偏僻处出现了一下。但说者有心，听者有意，该看到的还是会看到的，看到了的也就能理解其中的意思。

而丁珮作为一个待嫁闺中的女子，在李小龙死亡事件中已经惹来多少非议。但她竟然顶风而上，拍出其实对自己声誉口碑都有影响的电影来，由此可见这个弱女子内心的强大。这一举动似乎是在向一些人表明，她没有什么事情不敢做。所以在这一次摆到明处的反击之后，那些看明情况、听明话音的人心中都清楚接下来该何去何从了。

丁珮这次反击没有确定的目标，但是她却以一招对付了所有的目标。“以无法为有法，以无限为有限。”丁珮将这个截拳道的宗义运用得淋漓尽致，而且打得别人痛不见血。

除了利用《李小龙与我》这部电影进行了反击外，在电影里丁珮也再次展现了自己艳星的风采。于是这之后各种邀请加盟、邀请拍片的合约纷纷而至，眼见着丁珮演艺生涯的又一轮高潮已经到来。

第五部　信女初见佛

- 大男人向华强
- 丈夫，女儿，家
- 灵狐叩佛
- 退出影坛，结束婚姻
- 既然放不下，就修众生缘

丁珮在香港沙田家中与小向佐。

向华强与女儿向詠恒，儿子向佐。

大男人向华强

但是丁珮偏偏就是在这高潮涌来之时放慢了拍片节奏，首先她觉得自己已经开始对电影失去兴趣了。拍片子很累很辛苦是一个原因，还有一些情感戏、激情戏也让她觉得很不舒服。而最为重要的一点是她不想把自己变化成一个完全背离自己的角色，她觉得那是在欺骗别人、欺骗自己，她希望能有更真实地表现真正自我的机会。

另外她的记忆力在那一段地狱般的日子里真的受到了很大损伤，大段的台词很难记住。但是她性格中有着不放弃、不屈服的特质，所以越是有这方面的障碍，越是刻意在这方面进行锻炼。她相信自己肯定有恢复的一天，有超越的一天。

这之后她很有选择性地参演了几部电影，比如《一代巨星》这种与李小龙有关的电影。而与李小龙有关的电影最值得一提的是《死亡游戏》，这片子虽然是将李小龙原来《死亡的游戏》的故事情节改了，但主角正面形象全是截取了李小龙在其他片子里的镜头。另外又请了一个侧相和李小龙很像的韩国演员来扮演李小龙，而其中一些打斗的场面特别是结尾时的一场大战都是李小龙之前《死亡的游戏》已经拍摄好的镜头。可是丁珮却偏偏拒拍了这部片子，李小龙和她的死亡游戏已经真实地上演过了，所以她不想再接触到这个电影。

除了和李小龙有关的电影，丁珮所接的都是和自己性格特征非常相似又能展示自己性感特点的角色。而其中有一部片子她觉得是活生生演了一回自己，因为戏里戏外她都付诸了真挚的情感。这是部现代侦探片，内地人很少知道，电影的名字叫《铁证》。

丁珮和向华强先生其实之前就已经认识，但是两人之间出现情感的交流并最终走到一起却是在拍摄《铁证》的过程中。

向华强也是一个龙风虎威的男人，给人第一眼的感觉就是坚毅、刚强。丁珮似乎天生就喜欢与这样的男人交往，因为她总能从这样的男人身上发现与自己投缘合拍的东西，总能找到让自己舒适安宁的感觉。

和李小龙的相识不同，那是一种从认识的第一眼起就直接陷入心动，从第一次牵手时就已经构成情感的通道。而与向华强的靠近真的只是从交往开始，缓缓地，绵绵地，却又无可阻挡。

向华强兄弟十几个，投资拍摄《铁证》的是他大哥的一个孩子。因为这次投资只是一种尝试，没有什么经验，所以都尽量用自己家里的人。向华强是个很有名气的武打演员，而这部侦探片中有很多武打场面，所以当仁不让地担任了片中的主角。而请丁珮来参加这部电影的拍摄，一开始其实是想利用她的知名度，但是后来开拍之后却发现丁珮对一些武打动作有独到的见解，在她建议之下更加有实战性，还特别好看。另外丁珮的演技也是非同一般，所有演员和剧组工作人员都非常钦佩她。

向华强也是个武功高强的功夫高手，曾练过无影手、气功等多种传统功夫，所以丁珮对武打动作的独到见解让他既惊讶又欣赏。然后他本身就是剧中主演，有许多武打戏要拍，于是便有了很多与丁珮交流的机会。

当时《铁证》是在菲律宾取的外景，而丁珮在李小龙事件之后便很少参与一些社交活动。身在异国他乡，又不参与大家一起的活动，这就难免显得孤独寂寞。她这样子很多人都看到了，但谁都没有当回事。只有向华强一个人决定要帮助丁珮摆脱这种状态。

向华强并不试图说服丁珮改变自己初衷参与到各种活动中，而是单独带着她去各种休闲和休息的场所。拍电影真的很累很需要放松，所以丁珮很乐意地跟着向华强出去。他们一起看夕阳，观华灯，品美味，去跳舞，在丁珮的感觉中，这些似乎是以往一些场景的重复，只是换了个人。于是在不知不觉中，她的内心情感逐渐发生了变化。

接近了丁珮之后，向华强也有了更多的发现。他发现自己面对的是一个不一般的女性。丁珮外表柔美如水，内心却是极为强大；外形是个纤弱女子，性格却豪气如云。英雄爱美女，所以向华强觉得丁珮是个值得拥有的女人。英雄惜英雄，所以向华强觉得丁珮不但值得拥有，而且需要珍惜。

丁珮对向华强的情感虽然变化发展得很慢，却很实在很厚重。这种感觉和以往的几次感情经历都不同，让她很自然就能联想到家，联想到家里的亲人。

《铁证》这部电影拍摄的过程，也是丁珮和向华强感情发展的过程。而当电影拍摄结束时，他们两个已经走得很近很近。丁珮也不知道从什么时候开始已经将向华强当作了可以依靠的家人、亲人。所以当向华强提出要在一起时，她很果断地答应了。

从台湾独自漂来香港，奋斗多年之后差点漂到了瑞士。与李小龙一段感情虽然真诚相对，但那是没有结果的一段感情，不管发展到什么时候什么程度，自己依旧只是个独自漂着的女人。李小龙死后，自己不但继续漂着，而且还遭遇到恶浪险涛，差点就沉到水底连漂都漂不起来了。而现在终于是脱出了重重磨难，老天给了自己一个结束漂泊的机会，也是开始一个新生活的机会。所以丁珮无论如何都不能放弃了，哪怕是尝试一下家庭生活看是否适合自己。

再有，丁珮在经历了前一段的磨难和险情后，她的心其实很累很虚，时常会觉得危险依旧缠绕在身边。而向华强是个强大的男人，在他的保护之下，自己可以非常安心。

丈夫，女儿，家

1976年，丁珮和向华强结合在了一起。

结婚之后的心理是安逸的、安全的，但是生活上、工作上却变得更加劳累。向华强不是一个安于现状的人，蛟龙不与鱼虾为伍，他终究是要一飞冲天的。一个男人有了奋斗的目标，作为妻子就绝不会袖手旁观，只有一起努力和付出，那才是真正的家庭、真正的幸福。

虽然《铁证》一片的收益并不如人意，将一些在电影行中试水的人逼退回岸上。但是向华强却没有就此放弃，他觉得香港的电影业始终是个有无穷潜力可挖的市场，重要的是看怎么去做，怎么迎合观众的心理。还有就是要打造一批自己的明星，有代表性、有聚焦点的明星，这样就能吸引住一批固定的观众群。

向华强的理念丁珮非常赞同。之前她就预感香港电影业会有巨大变化，后来果真出现嘉禾的兴起，以及李小龙的协和的杀人。而现在她预见到这样的变化还将继续，香港电影行业的格局肯定会再起风云，形成多家鼎立的形态。所以她很坚定地支持向华强从电影投资上入手，占据鼎立的一足，然后再拓展形成集团产业。

但是前期的资金积累是个沉重的负担，需要同心协力以最大的努力来挣取。当时丁珮已经很少接拍电影，而且接拍电影获取收入的周期太长，所以她大量接受舞台演出的合约。舞台演出不但收益快，而且她也比较喜欢这种表演形式。在舞台上放声歌唱、纵情舞蹈，展现的是一个完全真实的自我。

丁珮至今都说，那是一段她感觉最幸福的日子。虽然很辛苦，也没有那么富足，但是很充实。

向华强是个很懂得调整的人，而且很是关心丁珮，他骨子里天生就有一个强大男人应有的气势。虽然丁珮心甘情愿协助他完成理想，为他的事业共同打拼，但他心里其实很不愿意自己的女人这么辛苦，不想丁珮跟着自己的日子过得仓皇、紧张，更不想看到她非常劳累的样子。所以即便在资金最为拮据的时候，他依旧会不定时地带丁珮去外面的高档酒店享受浪漫美食，会带她去赛马场肆意放纵心情。

向华强筹划的电影公司当时还是一个正在孕育中的目标，但丁珮孕育的新生命却是很快就来到了这个世界。婚后没多久，他们的女儿向詠恒出生了。

女儿的出生让丁珮的性格开始有了些转变，女人心中天生就有的最柔软的部分开始暴露出来。女儿就像一个紧箍咒，完全收敛了丁珮的无法无天和我行我素，她开始有了担忧、有了顾忌，觉得自己所做的一切都应该为了女儿着想。

也正是因为做了母亲，她才开始真正理解自己的母亲，懂得了母亲在自己成长过程中的惊心动魄和良苦用心。

灵狐叩佛

唐太一直都跟丁珮一起住，即便是在她结婚之后也是这样。而当丁珮抱着自己女儿时，她心中开始思念台北的父亲和兄弟姐妹了，并因此回忆起许多的往事，回忆起自己长大的地方。所以在女儿出生后不久，她和母亲一起回了趟台湾。

这次回台湾说是为了产后调养，但其实却是一次省亲。毕竟离开台湾很多年了，之间虽然回来过几次，但都是为了演出合约，匆匆来匆匆走。所以这一趟她走了好几个城市，拜访了很多久违的亲戚朋友。不过丁珮这次回来却没有去见陈启礼，虽然当时陈启礼刚好出狱，正大力重振竹联帮。因为自从生下女儿之后，丁珮觉得自己不应该再纠葛到那样的环境中。

回台湾后的第六天，丁珮带着孩子和唐太一起来到包五舅家拜访。大家看着襁褓中粉嘟嘟、白嫩嫩的向詠恒都喜欢得不得了，包五舅更是一连声地夸赞："好福相，好福相，就像菩萨前的龙女一样，将来肯定好福报！"

听包五舅提到菩萨，唐太一下被提醒了件事情："真是的，我们真是该替这孩子去拜个佛，祈个福，也不求多少的荣光富贵，只求个健康长寿，快快乐乐。”

“是该去求，是该去求。”

“这么好的福相，再要有佛祖保佑的话，那这福报真的就不可限量了。”

“这求佛的事情说了就要赶紧去的，否则就是欺骗佛祖。”

包五舅和他家里的人乱纷纷地说着，他们都是佛教信徒，所以提到求佛敬香的事就特别热衷。

丁珮不信佛，只是赔着笑脸随口附和着。但唐太完全被大家说得兴奋起来：“要去的要去的，马上就去，你们知道有什么特别灵验的寺庙吗？”

“有呀，我们家背后的母子山，山上有个大悲佛堂。这座庙里的香火虽然不是太盛，但是求寿的话却非常灵验。”包五舅推荐了一个地方。

“真的很灵验？”唐太已经有很长时间都是待在香港，台湾的亲戚间走动得很少，所以没有听说过这件事情。

“庙里的主持恒月老和尚已经一百岁了，据说就是因为他们供的佛祖灵验，这才得到长寿的。今天天不早了，明天吧，明天我带你们上山去拜佛祈福，给孩子求个好福寿。”包五舅很肯定自己的说法，而且主动要带唐太和丁珮上山。

丁珮其实并没有把这话当回事情，可没想到第二天一早包五舅就和家里的几个人带了一些贡品香烛来叫唐太和丁珮上山去。

丁珮其实是很不想去的，她经常说自己是属猪的，特别懒。这上山求佛说是离得不远，但走走没个四五十分钟是到不了的，而且还要爬那座说高不高说矮不矮的母子山。

“走吧走吧，真没多远。”

“再说了，至诚献佛心，苦劳凡世体，这样求佛才能够灵验。”

“走吧，为了自己的女儿，做什么都是值得的。”大家纷纷劝说丁珮。

当别人提到是为女儿去上山求佛的，丁珮便再没法拒绝了。再加上被大家簇拥着，半推半拉着，她也是没法挣脱就跟随着上了山。

真像丁珮预料的那样，说是不远，其实单单一段上山的路就累得丁珮很惨。这倒不是她体力够不上，主要是因为匆忙间被推拉了上山没来得及换衣服，还穿着很厚底的高跟鞋和豹纹短裙。这种装束爬山肯定是很不方便的，而其他人似乎也没有顾及到她的这身装束是否会对佛祖不敬，就这么将她给拽上了山。

后来丁珮想到这事时，总觉得这是佛祖的安排。是特意指使包五舅家的几个人将一身俗服的自己拽上山的，让自己体会到俗服给行进带来的艰难和辛苦。这样才能起到点醒的作用，同时也是给自己又一次小小的磨难，然后再将自己引入与佛为缘的历程。否则这些笃信佛教的人怎么可能这么不讲究，至少也该让自己换一身庄重点的衣服。

到了山上的大悲佛堂，丁珮发现这真的是一座很小很破的寺庙，就连门额上写有庙名的牌匾都已经看不太清楚。大雄宝殿也一点都不高大，就和一般人家的客厅差不多。不过那种佛家的气相倒依旧存在，站在这里可以真切体会到神圣和庄严的感觉。

寺庙里除了他们再没有其他香客，静谧得有些吓人。而很奇怪的是这个庙里的所有成员竟然已经聚到了大殿里，而且穿着全套的僧衣袈裟，香案上香烛法器也都摆放齐全，像是早就知道他们要来，所以全部都准备好了在等他们。

其实庙里的所有成员也就只有三个。那个一百岁的主持恒月老和尚闭着眼睛坐在香案旁边的一张椅子上，一动不动。脸上的皱纹很多很密，身体又小又干枯，乍看之下还以为是一尊罗汉泥塑。另外两个也是年纪挺大的僧人，一左一右站在香案的两边，都是双手合十面无表情。

丁珮跟着大家一起，直接来到大殿的佛像前面。但还没等奉上贡品点上佛香，闭眼坐在那里的老主持突然睁开了双眼。那是一双睿智的目光，似乎能看到人的心里，不！是似乎能看到人的前世来生。

这双目光扫看了下进到大殿里的所有人，然后猛然抬手指住丁珮，朗声说道："让她到前面来。"那声音竟然非常的洪亮，完全不像是从这样一个瘦小的身体里发出的。

丁珮吓了一跳，她全然没有想到这个枯瘦得如同泥塑的和尚会突然睁开了眼睛并发出洪亮的声音，更没想到他是指定自己让自己到前面去。看看那枯瘦的老和尚，再看看端庄却不失威严的佛像，丁珮的心中莫名生出了一种恐惧，有一种想赶紧逃走的感觉。但是不知道为什么，心中虽然想逃走，脚下却好像完全不听使唤。

这时站在香案两边的两个僧人已经双手合十走到丁珮近前，先恭敬地施礼，然后示意她往香案前走近几步。

"去呀，去烧头香，这是大师傅觉得你有佛缘。"一同来的人包括唐太也都在旁边催促丁珮往前去。

丁珮自己都不知道是怎么从大家中间走出来的，也不知道自己是怎么跪到佛像前的蒲团上的。她的脑子里始终是佛像端庄的微笑，始终是那主持盯着自己的目光。

“当”，大殿里响起一声清脆悠长的罄声，在这触心的灵悦之音中，丁珮终于幡然醒觉过来。而此时她已经在主持恒月老和尚和两个僧人的指引和带领下，完成了一整套的敬佛程序。

当其他人陆续开始上香敬佛时，丁珮瞅了个空急匆匆地逃出了寺庙，独自一人往山下跑去。但她跑出一段路后就又站住了，回身仰望那座寺庙。寺庙确实非常破旧，但是它却显得异乎寻常的洁净，在天光云色的映衬下，散发出一圈淡淡光晕。丁珮此时真切地觉得，刚才虽然在寺庙里感受到一种威严的震慑，但之后心中却完全是坦然、平静、清灵。这是一种奇妙的感觉，似乎在梦里出现过，又似乎是自己在很久很久之前就曾寻找过。

于是这一刻她脑海里闪过看干妈做宵礼时的神情，闪过在教堂里人们一起做礼拜的情景，闪过自己和李小龙最后一次驱车到海边眺望大屿山的记忆。那时候只简单地觉得很舒服，只觉得心中有莫名的感触，浅浅地，淡淡地。而现在自己体会到的似乎更多，从开始的恐惧、敬畏，到现在的坦然、平静、清灵。这是过往经历让自己有了更多不同的觉察力？还是一次次的磨难开启了自己的又一种灵性？

丁珮最终下了山，但是第二天就再次上了山。她将自己随身带的和能取到的所有现金大概五万多元送到了庙里，让他们重新翻修寺庙。也是在这一天，主持恒月老和尚收丁珮为弟子，取法号能观。然后还将自己方丈内常年供奉的一尊观音像赠给了丁珮，并送丁珮几句偈语：“入世灵狐身，不泯观音心。一朝入佛门，再为菩萨行。不管过往如何，信你心中有个观音。观音即你，你即观音。”

这是丁珮第一次与佛结缘，由她先出资五万多翻修，后来再次出资三十万元重建的大悲佛堂至今依旧屹立在母子山上。

而有一件事情是主持在圆寂前嘱托寺中的一个老僧人转告丁珮的。丁珮第一次进入大悲佛堂的那天，主持和寺中的两个僧人准备了全套僧服袈裟、全套香烛法器等候在大殿里，是因为主持前一天夜里做了一个灵狐叩佛的怪梦，于是预感第二天有奇异之人入庙进香。

“灵狐叩佛？”丁珮不能确定这是什么意思。

“对，主持说的的确是灵狐叩佛。这一是说灵狐叩拜佛祖，再一个是说灵狐叩开向佛之门。”比丘解释道。

“那师傅的意思是说我是个灵狐的化身？”丁珮其实很不愿意听到这种说法，她到香港之后，特别是李小龙无故死亡之后，她没少被别人骂是狐狸精。

“主持知道你会这么问。他圆寂前特别嘱托要我告诉你，菩萨入世普度众生，有万千种化身，灵狐也是其中一种。菩萨即灵狐，灵狐即菩萨，你若灵狐，你即菩萨。”

丁珮听到这话之后若有所思。小时候她不知道自己是男还是女；李小龙死后的那段日子，她不知道自己是人还是鬼；而现在开始，她又不知道自己到底是妖还是神了。

那次从台湾回到香港后，丁珮立刻在家里设了一个佛堂。她不知道家里设的佛堂该是什么样子的，但她记得小时候邻居黄婆婆家佛堂的样子，所以就大概按照那样子布置了个佛堂。

对于丁珮在家里设佛堂这件事情，向华强不但没有反对而且非常支持。实际上这个强悍的男人心中是有着大慈悲的，世事往往都是这样，可以用最强硬手段对付敌人的人，他也会用别人做不到的慈悲对待落难的苍生。向华强在自己还未发达之时就已经多做善事，就连在电视上、报纸上看到什么人受灾落难的报道，他都会让手下人专门送去资助。因为他相信世上所有事情都是有因果的，多行善事必有福报。而这些我们其实从他现在的一些身份可以得到佐证，他现在是李连杰壹基金(香港)的董事，还是北京师范大学壹基金公益研究院的理事。

退出影坛，结束婚姻

有了女儿之后，丁珮就很少接拍电影了，但她却丝毫不干涉向华强的奋斗方向，而且尽自己所有能力给予支持。

有一天向华强带着丁珮一起来到办公室，刚好秘书送来了电影公司的筹备资料。各种报告资料显示的情况非常乐观，向华强积聚的实力已经让他朝着心中的目标更近了一步。

看着桌上摊开的资料，向华强胸中豪气无限："快了，就快轮到我们来大干一场了。"他似乎已经看到光辉的前景展现在自己眼前。

"如果我们的公司申请注册成功，那你准备起个什么名字呢？"丁珮问道

向华强眉头微皱了一下，这倒是他从来没有考虑过的问题。

"我觉得可以叫永胜。"丁珮在旁边又说了一句。

"永胜？"

"对，就是那匹一直夺冠军的赛马，它的名字就叫永胜。"

"永胜，赛马。好！我们的公司就是一匹突然杀出的黑马，在电影行业中永远胜利，永远领先！这名字好，就永胜。"向华强听到这名字后兴奋不已。

当向华强的电影公司终于成立之时，他们给公司取的名字是"永盛"。本来是要用"永胜"这个名字的，但是他们后来觉得胜利是相对别人而言的，没人可以一直凌驾于别人之上，所以也就没有永远的胜利。但昌盛、旺盛却是可以永远的，这只需要自己认真努力地去营造，去维护。

永盛成立之后，拍摄的第一部电影叫《扎马》，这是一部功夫片的经典。向华强、丁珮都在片中担任了主要角色，而且丁珮还是此片的出品人。所以这也可以说是一部夫妻档的电影。

有了自家的电影公司，丁珮在外接拍的电影就更加少了。但是很多制片人和导演都觉得她的最佳风采还是在银幕上，所以有好的剧本、合适的角色还是千方百计想让丁珮出场。而丁珮即便可以拒绝所有人的邀请，有一个人的邀请她却是无法拒绝的，那就是邵逸夫。

1981年，丁珮受邵逸夫所邀重回邵氏拍了两部电影。在片中虽然饰演的不是重要角色，但是在表演上却是淋漓尽致，完全恢复了她拍摄《应召女郎》时的状态。特别在其中一部《雾锁香江》中，她将一个小角色完全演活了。

丁珮很早以前开始就一直都是在影片中担任主角的，而参演《雾锁香江》只是受邵氏邀请帮忙客串一个角色，以便提升此片的档次和知名度，便于宣传。但她根本不知道自己这个角色会被拿去参加亚洲影展的最佳女配角评选。

亚洲影展颁奖的前一天各奖项的结果就都透露了出来，并且登上了几大报刊。其中最佳女配角的获得者是丁珮，参演的作品正是《雾锁香江》。亚洲影展开奖的当天，主持人在台上宣布最佳女配角也是丁珮。虽然当时丁珮没有去参加颁奖仪式，但见证这一刻的人太多太多，就连丁珮在台湾的大姐都知道了。

但是当亚洲影展颁奖刚刚结束，组委会却突然对外宣布所颁奖项发生错误，将丁珮所得的最佳女配角另颁给了同在《雾锁香江》中担任角色的一个女演员。

丁珮对这结果看得很淡，她清楚这其中必定有着很深的隐情和不可告人的内幕。影视是个光芒四射的行业，但背后产生的龌龊也是最多的。

就是从这个时候开始，丁珮彻底退出影坛，再未拍过一部电影，转而将主要精力放在了家庭和女儿身上。也是从这个时候开始，她踏上了学佛修行的历程。

丁珮家佛堂里最早的一尊佛像就是丁珮从台湾带回来的观音

像，这原来是她师傅放在方丈中供奉的，久受香火经诵，别有佛气灵光。所以丁珮每天早晚都会给观音像上香，就像干妈董云衣做宵礼那样执着和虔诚。但这个时候丁珮还未曾接触佛家佛经教义，她虔诚的拜佛只是为家人祈福求安。

而向华强每天出门办事前，也都会在佛堂里拜一拜。像向华强这样做大事的男人每天出去都会很早，丁珮不接戏的时候就和家庭妇女差不多，要很晚才起来。所以丁珮虽然每天都会到佛堂给观音上晨香，但其实每天最早上香的人是向华强。

最近一段时间丁珮发现佛堂里有点怪，她起来之后去上香时，总发现自己从台湾带回来的观音像要么朝向有些歪斜要么整个移位了。虽然已经好几次进行了调整，但早上起来以后还是会发现朝向是斜的或者位置偏移不在正中。

最初她以为是家里工人打扫时弄歪的，但她之前要求过工人不要随便进佛堂，佛堂里的打扫都是由她亲自来做的。而且工人也不会那么勤快，就算打扫的话，也不会天天打扫。于是她又觉得会不会是向华强出门前上香动了那菩萨像。问过之后得到的回答也是没有动。

这就奇怪了，难道是佛像自己动了？想到这里丁珮的心中微微颤动了下。她想起师父恒月老和尚送她观音像时给的偈语："……观音即你，你即观音。"观音移位，而移位之前只有向华强上过香。这是预示着些什么吗？观音不愿意面对他，观音不能够面对他？而这观音即是我，我即是观音，这难道是在预示自己和向华强之前有什么事情要发生吗？

这次不是丁珮的预感，而是菩萨给的征兆，亦或者预感即征兆、征兆即预感。总之最终的结果依旧很准，丁珮需要面对的事情真的来了。

向华强身边多了个漂亮而能干的女人，对此丁珮没有丝毫意外。因为她早就听说过这个女人，知道她不但相貌美丽，而且非常强大，有着不同一般的能力和能量，和向华强有很多相近之处。所以当向华强将这女人带到丁珮面前时，她竟然莫名地出现了种轻松和解脱的感觉。

“我已经尽力了，但是对华强的帮助仅仅如此。换个人也好，或许可以给他更大支持和辅助。”这是丁珮成人之美的天性。当年向华强欣赏她，是因为那时他只是一个武打明星，丁珮的特别之处对他是有支持和帮助的。而现在他的发展到了一个更高的层次，需要的是另一种支持和帮助。这一点对于丁珮来说有些力不从心，而那个女人却可以做到。

“观音移位，预示着我不能再面对华强了，我该走了。”丁珮在说服自己的理由之外又添加了一个天意。

“有她帮助华强真的挺好的，这样自己也能够完全放心。可以无所挂念地去潜心学佛。”丁珮真的将这件事情当成了解脱。

“留下吧，我离开，什么时候办手续都行。”丁珮的话说得很平淡，她天生具有的灵性已经让她早就有了心理准备。

而后来事实证明丁珮的预见是正确的，她做出的是两全其美的决定。

这个女人真的心智超人，思虑不凡，是一个能舍也能得的强者。她和向华强在各方面都很契合，后来为向华强事业的发展起到很大的作用，帮助向华强一步步地走向荣耀和辉煌。她就是向华强现在的太太，被称为香港影视界大姐大的陈岚。

而陈岚也真的很大度，她和丁珮的关系一直不错。丁珮离开向家后生活上、经济上一直都是向华强照顾的，对于这一点陈岚从来都没有一点异样。而且陈岚生下的儿子向佐也是和丁珮共享的，很多时候她都是将小时候的向佐交给丁珮带着。包括在《鲁豫有约》这样的访谈节目中，陈岚都说向佐是丁珮的儿子。而丁珮对陈岚最为感谢的一点就是让自己和她共同拥有了儿子向佐。

丁珮离开向家时虽然心中有些不舍但表现得依旧坦然。这就像当年她离开干爹干妈的家一样，虽然很喜欢那个家，但心里却知道那不是自己真正的家。所以向家可以说是自己人生中一个绝好的修行处，却终究不是最终的归宿。

也和离开干爹干妈家时一样，丁珮对向华强说了一句："你是个好人！"虽然此时她已经不像小的时候，已经可以用许多华丽的词藻来赞美一个人，但是她却觉得这个定义应该是对向华强最好的概括。

丁珮在2002年对媒体提及和向华强的关系时说道："我真的很感谢向先生，他真的给了我很大的帮助。他也很喜欢李小龙，他也会功夫，为人也不错，很大方，很大量。是他给了我需要的稳定生活，这样才能去学佛念经。世事都讲因果，他心地很善，所以他也得到福报，我后来也成全了他们结婚。我们还是朋友，我跟他的缘分像一家人一样。"

真的就像丁珮所说，她始终和向家的人是一家人，而在向家的人中，与他最有缘分、最割舍不下的不是向华强，而是儿子向佐。

陈岚到向家时其实已经怀上了向佐，那时候丁珮就强烈预感到这会是个儿子。丁珮算出的命数是男孩却生成女儿身，而她剖腹产生女儿向詠恒时是专门请人推算的日子和时辰，结果最终选定的生辰八字也是更加适合男孩的。所以丁珮一直想得到个儿子，哪怕这个儿子不是自己亲生的。而这希望她全寄托在陈岚所怀的孩子身上了。

而在期待陈岚所怀这个孩子孕育、降生的过程中，丁珮连续遇到了几件怪事。但后来回想起来，她觉得这些怪事都是预示，预示自己和这个儿子有着很大的缘分。他就像是佛祖赐给自己的，以弥补自己在世间所受的磨难。

既然放不下，就修众生缘

大概是在1984年6月初的时候，丁珮收到了一封奇怪的信件。

信是从美国华盛顿州西雅图市寄来的，没有寄信人的具体地址和名字，但是邮戳、邮票齐全。打开信封后，里面只有一张小小的带花纹的信笺。那信笺上没有称呼和署名，只有一行用打字机打出的“How are you”，除此之外再没有内容。

这信件看着像是谁在开玩笑，但是没人会无聊到从美国寄一封信到香港来开丁珮的玩笑。而且丁珮在美国的朋友很少，她又刚换了新住处，知道地址的人并不多。

但是丁珮在接到这信件时心中猛然颤动了一下，身上的汗毛也微微立起。因为她非常清楚一件事情，在美国华盛顿州西雅图市华盛顿州立大学的一座山坡上，埋葬着李小龙。

其实当时丁珮只想到李小龙葬在美国，却疏忽了另外一件事情，李小龙当年拍完《龙争虎斗》从美国回到香港也是在6月初。过后很久当丁珮想到这个事情，想对一对和收到信件是不是同一天时，她却已经忘记收到信件的准确时间了。

就在丁珮接到那封奇怪的信件之后不久，她的车子又出了毛病。

那一天她购物后开车回家，在停车场将车子停好、锁好，然后步行往楼梯口走。但是才走出二三十步的样子，突然听到身后有汽车喇叭响了两声。

一开始丁珮以为是别人的车子在进出车库，也就没在意，只管继续往楼梯口走。但是又走出十几步时，身后再次传来一声汽车喇叭声。这时她才意识到此时并没有其他车辆进出车库，于是猛然回头，恰好看到自己车子的前灯闪动了一下，这才确定是自己车子的喇叭在响。

虽然确定了这个事实，但丁珮仍是没有在意，她认为这可能是自己车子没有锁好才出的问题。

但是之后几天丁珮的车子却连续出现这种情况，她这才觉得应该是车子出现了故障。于是把车子送到车行进行检查，结果却是一点毛病都没有。

而丁珮这次同样是忘记了一个事实，她车子第一次出现异常的那一天，和她当初购买了奔驰车去片场看李小龙反应是同一天。

虽然丁珮说她的车子出现问题纯属莫名其妙，而对于接下来的一件事情她则只能说是巧合。

香港在很短的时间里再次流行起了英格柏·汉普汀克的经典歌曲。丁珮和朋友一起去用餐，餐厅里放的背景音乐是*Release Me*；和朋友去喝咖啡，咖啡厅里放的也是*Release Me*；走过身边戴着耳机的年轻男女嘴里哼唱的是*Release Me*；睡前听听广播，广播里的听众点歌放的也是*Release Me*。

这些事情肯定不是丁珮的幻觉，但丁珮真的出现幻觉了。好像李小龙又回来了，就在自己附近，跟随着自己，注视着自己，和自己一起开着车在英格柏·汉普汀克的歌声里一路奔驰。

“可能是真的回来了，再有几天就是他的忌日了。也该回来看看香港，看看自己了。”丁珮查看了下日历，离李小龙的忌日只几天了。掐指算算李小龙已经往生十一年了，如果一个人在世上真有灵魂存留，是应该来看看自己了。

几天后的一个下午，丁珮在家中莫名地觉得心神不宁，坐立不安，整个感觉有些激动、有些亢奋。总觉得要做些什么事情，却又什么事情都没有做成。

就在这时，她突然听到有人在按门铃，于是赶紧跑过去开门。一向谨慎的她这次根本没询问外面是什么人，也没从猫眼里往外看一下就直接打开了门。但开门之后却发现门外空无一人，那么真切的门铃声似乎又是一种幻觉。

正当她在思考到底是自己听错了还是脑子里出现幻觉的时候，电话铃又响了。她果断地接起电话，原来是向家的管家打来的。管家告诉她陈岚刚才开始腹痛，像是要早产，现在已经送往医院。

丁珮急匆匆下楼驱车直奔医院。陈岚比预产期提前了两个星期，这让她心中非常担心。这是她心中一直在期待的一个儿子，一个可能是佛祖赐给自己的和自己有着大缘分的儿子，她又怎么可能不担心呢。

汽车奔驰在公路上，收音机里响起不知道谁又为谁点播了*Release Me*。在*Release Me*的优美旋律中，她很莫名其妙地生出一种激动、一种欣喜，眼睛也莫名其妙地湿润起来。她不停地擦抹眼睛，因为泪水蒙眬的眼睛让她都有些看不清路了。

丁珮快步冲进医院，然后直接就往育婴室跑去。她之前没有来过这家医院的妇产科，她也不知道陈岚有没有把孩子生下来，但是就仿佛有一个指引在引导着他朝着那个方向去。

当丁珮站在育婴室的大玻璃窗外时，她一眼就看到了一个孩子。因为这个孩子很特别，裹在襁褓布里还犹自扭头动脚，就像在进行一次认真的功夫搏击，又像在进行一场随意的帅气舞蹈。

*Release Me*的旋律始终在丁珮脑海里盘旋，李小龙的身影也在眼前晃动着，跳动着，而这些晃动、跳动的影像慢慢聚拢、收缩、淡去，最终只剩下玻璃窗里的那个孩子。

丁珮的眼泪决眶而出，顺着面颊滚滚而下。但她没有去擦拭，就像在日本听到英格柏·汉普汀克亲自为她演唱*Release Me*的时候一样。

“回来了！真的回来了！”丁珮心中暗自念叨着。回来的是过去的情感，回来的是未来的希望。

这个孩子就是向佐。这一天是1984年7月20日，是向佐的生日，也正好是李小龙的忌日。

向佐生下后，大家都对其非常疼爱，他小时候很多的时间都是跟着丁珮的。因为那时候向华强创建电影公司的目标已经进入最重要的阶段，向华强和陈岚都忙于事业脱不开身。而将向佐交给丁珮这个妈妈带着他们可以非常放心。

向佐小时候身体挺柔弱的，再加上大家的细心照顾，所以成长的过程很是小心翼翼，平时都不准他参加有一点危险性的活动。这样反将向佐培养得很是文弱儒雅，身上丝毫不见其父的强悍霸气。

但是丁珮却隐隐觉得向佐这孩子肯定不是那么简单，千万不能从小看老。李小龙小时候还体弱多病，取的小名都叫“细凤”呢。后来不也成为了功夫之王、一代巨星吗？说不定哪天向佐就会突然出现出乎人们意料的巨大变化，成为像李小龙、向华强那样强悍的男人。

正像丁珮所预料的那样，长大之后的向佐有一种很像李小龙的精气神。要想做什么事情的话肯定是无可阻挡、行则必成。他是直到26岁之后才开始练习武功的，这本来是一个已经过了练武的年龄。可很奇怪的是他竟然一练就成，翻跳纵跃无有不能，比别人自小练武的还要娴熟、精进。当然，在这过程中他也吃了很多苦受了很多伤。向佐先后在《霍元甲》《夺帅》《投名状》等几部大片中展露风采，并且很快成长为影坛上一个极具实力的功夫新星。

从向佐出生之前的种种预兆，到出生日子的巧合，以及长大后流露出的勇气和胆量，还有练武的天赋和坚强的意志，都似乎在证实着他与李小龙其实是有着某种契合和缘分的，这不可谓不是一件奇异的事情。但是不久之后丁珮身上所发生的一些变化则可以说是诡异了，让人觉得李小龙的灵魂可能真的存在，而且就在丁珮的身边。

丁珮最初是拜了大悲佛堂的恒月住持为师，后来又在台湾农禅寺拜圣严法师为师。也就是在拜了圣严法师之后，她开始诵读佛经，研究佛学。

刚开始时丁珮诵读佛经的时间很短。说实话，佛经虽然禅理玄妙，度得世人，遣得鬼神，但研学诵读时却极度的枯燥。一般没有佛性的人只要看上几行就可能会觉得心烦气躁，头晕目眩，最后连哪一句哪一行都对不上了。

丁珮的大脑受过损，然后小时候读书又少，所以诵读佛经的难度比别人更大。最初时看一会儿就会有气血翻腾的感觉，甚至出现头晕头疼的现象，所以只要看了几分钟的经书就立刻需要休息。但不知是丁珮骨子里的韧劲驱使了她，还是她心中的佛性引导了她，各种痛苦的感觉始终都不曾能够让她放弃诵经。而丁珮自己则是将诵读佛经时的痛苦感觉作为一种磨难，而现在的她已经能够坦然面对磨难。因为种种正果不经磨难是得不到的。

事实证明丁珮的坚持是值得的，在经过一段极为痛苦的时段后。她的感觉开始大幅度地改善，读经的时间也越来越长。而当她能够以一种舒适的状态去念诵佛经时，她发觉自己的记忆力也开始有所好转。

丁珮最初研习佛经时其实是带着一份感情和挂念的，她经常会想到李小龙出事前一个月开车带她远望大屿山时所说的话："……我马上就有事情，现在过去拜佛已经来不及了。不过你可以留下先去进进香拜拜佛，等以后有道行了再带着我一起学佛修行。"所以在读经时她始终觉得李小龙就在身边，甚至就在自己身体里。

"我是文他是武，他是阳我是阴。我和他是一体，我在带着他修行。他的死就是我生，我的生就是他的死。"丁珮在最初研习佛学时其实是带着这样一个信念，而这种信念其实是与佛家的宗义有着一定差距的，反倒是与道家一些关于阴阳双修的理论非常接近。

而这之后，诡异的事情发生了。丁珮其实每天除了日常生活外，就是打坐念经，根本不进行锻炼。但就是这每天手不提篮、肩不挑担的家庭妇女，身体开始呈现出肌肉健美的轮廓来。而且随着时间的推移，肌肉的线条越来越明显，与李小龙活着时的肌肉线条越来越接近。

"妈妈，你现在的样子变得好可怕呀。"女儿向詠恒的一句"好可怕"让丁珮意识到些什么，佛经教义上好像从没有提到修行之后身体会出现这种样子。

于是当丁珮再次回到台湾时，她专门去找了下师傅圣严法师，询问自己身上到底发生了什么事情，有没有解决对策。

丁珮来到农禅寺后直接就往后佛殿而去。她是唯一一个拜访圣严法师不必预先通知的，也是唯一一个不需要脱鞋走入后佛殿的。

圣严法师听了丁珮的讲述，盘坐蒲团微笑沉吟了许久，然后才缓缓告诉丁珮："菩萨世间万千化身，但最终还是要回复原形重归佛道的。世间一遭磨难，苍生度，佛道归。但凡有一念牵绊纠葛，便会再作化身入六道轮回，重受世间磨难，不能重归佛道。你便是如此，一念不舍，无妄重作化身。”

丁珮听懂了圣严法师的话，她也沉吟了好一会儿，然后皱着眉头对圣严法师说：“真的难舍。师傅，你不知道，我每到诵经之时，就觉得李小龙好像就在旁边看着我，跟着我一起诵经。”

“咦！不该这样啊。佛家讲六道轮回，天、人、阿修罗、畜生、饿鬼、地狱六道，李小龙往生不管入哪一道，都不应该还留在你左近。难道是李小龙不入这六道？”说到这里圣严法师自己不由得微微怔愕了一下。

丁珮听到这话之后也很是惊讶。都说自己是菩萨化身最终是要入佛道极乐，而不会坠入六道轮回，难道李小龙和自己也是一样的吗？以往她总觉得李小龙和自己有相似之处，就像来自同一个神秘的地方，难道这个神秘地方真就是佛道世界吗？

“李小龙刚刚往生之后，你有没有接触过他的身体？往生之后如果脚心发热则入地狱道，膝盖发热入畜生道，腹部发热入鬼道，胸口发热入人道，眉心发热入天道，阿修罗则这五处皆热。而这六种现象之外还有顶门发热，意味着此人是应佛祖指示入世，已经重回佛道极乐。”圣严法师其实自己心中也很好奇李小龙到底是如何的归宿和轮回。

“没有，当时我是非常害怕的，怎么可能去触摸他的身体。”丁珮摇着头说。

“唉，那么就我推断李小龙终究是难离六道轮回，你的感觉还是由于你自己心中情思太重、俗债难偿还。”没有得到答案，圣严法师只能是将原因落在丁珮身上了。

“那我该怎么办？”丁珮需要的是指点。

“先识无常，再知因果。”

“以往经历已经让我识尽世间无常，如今修佛难进，身有异常，更是让我知道了所有事情皆是由因得果。已识，已知，唯独还不知道如何做。”

“用心放下！过去孽情过去时，万般无奈万般舍。诸多你所失去的，且将其看作你本就不曾拥有。所以你这份世间情债只可做身外事、俗世事，切不能用于佛法之修。修行需心进，心静，心净，你慢慢体会。”圣严法师真的是佛法高深，每一言都直指关键。

体会不是难事，但要做到真正放下着实不易。更何况丁珮一直拥有着对李小龙的感情，从未感到失去过，也从未想过失去过。于是这种两难的情况成为丁珮此生的又一个大磨难。

记忆的损坏其实是有助于她忘却曾经的情感，放下心中的纠葛，从而尽心研习佛学，念诵经文。但偏偏越是念诵经文，记忆就恢复得越好；而记忆恢复得越好，也就越发难以忘记曾经的情感。

如此挣扎了足有两个月，丁珮最终还是打电话给圣严法师。诉说自己心中已经受尽煎熬，却始终无法做到用心放下。

“既然放不下，那就修众生缘。”这是圣严法师知道丁珮情况后给的又一个建议。

众生缘，是大慈悲，不为自己所修，不为某人所修，而是为众生而修。从那时开始，丁珮会到医院去为病人念经祛灾，会去孤儿院为孤儿念经祈福，会去慈善会为大家念经求福募捐善款。

但是丁珮从不去墓地念经，虽然她知道有好多死者需要超度。因为墓地那种地方让他有接近死亡的感觉，而且总觉得有污秽的味道在周围，这让害怕死亡又有洁癖的她感觉很不舒服。

修习众生缘，其实是用对众生之情来忽略对某个人的情感。而在那之后，丁珮的身体真的没有再继续变化，但原来的变化也没有消除。看似一个柔软的女子，必要时可以显出和李小龙很像的肌肉线条，必要时可以像李小龙那样快速、有力地打击对手。

1986年初，丁珮在台北帮皈依师父恒月老和尚翻盖大悲佛堂，与传定师父合影。

丁珮菩萨

圣严敬 二〇〇七年九月九日

很久未通音闻

至为念念 祝福

你们母女

圣严法师为丁珮留字。

丁珮于圣严法师佛学讲座当司仪。

丁珮与圣严法师、蒋纬国将军合照。

1991年，圣严法师来港弘法，丁珮助其在香港文化中心举行佛学讲座。

第六部　佛女助弘法

- 结缘星云大师
- 修《大般若经》
- 念念不忘，必有回响
- 周星驰与裤子

丁珮于台湾高雄佛光山与星云大师会面。

结缘星云大师

丁珮先拜大悲佛堂住持恒月老和尚为师，后拜圣严法师为师，已经是结了两次佛缘。但这两次都是小缘，是完全从自己的角度出发，为自己所愿所求的叩佛诵经历程。即便在圣严法师指导下修众生缘，那归根到底还是为了自己。但是佛祖似乎早就在丁珮的命中安排好了，让她在一个偶然的机会里遇到了星云大师，结下她这辈子最大的一个佛缘。也让她从一个佛家信徒上升为佛法的弘扬者，成为星云大师在香港弘扬佛法、创建机构的功臣。

1988年，丁珮接到一个台湾的演出合约。她到台湾后没有和一个兄弟姐妹说，直到演出结束临走前才打了个电话给大姐唐美龄，告诉她自己现在正在台湾，下午就回香港。

当时大姐刚好在看电视，电视新闻播报的消息是星云大师应邀为美国加州州议会主持新年度开议洒净祈福法会，这是佛教仪式第一次在西方议事殿堂举行的开创之举。星云大师将搭乘今天下午的航班前往美国。

接到电话的大姐将这个新闻告诉给丁珮，她知道丁珮现在也在修佛，所以半开玩笑半认真地说，如果丁珮真的有修佛的灵性，与佛家有缘分，那么下午回去时应该可以在机场遇到星云大师。丁珮并没有将大姐的话当回事，星云大师为临济正宗第四十八代传人，佛光山开山宗长，这样的高僧怎么可能是自己轻易可以见到的。

丁珮预订的航班挺早的，中午刚过就要登机，所以正常情况下是不可能遇到星云大师的。但是当她提前赶到机场后，在取票处被告知预订的飞机可能会延误很长时间。

丁珮只能在机场等着，百无聊赖中便在机场里四处逛逛。在经过一个专用候机室时发现门口挤满了人。这时她突然想起大姐电话里说过星云大师下午会从这里搭乘飞机去美国，那么在专用候机室候机的会不会是星云大师?

丁珮赶紧跑了过去，踮着脚往里看却只看到身前人头攒动。于是赶紧询问了下挤在门口的那些人，获知果然是星云大师在里面候机。可能是因为美国那边的事情很是重要的缘故，星云大师怕耽搁了航班，这天提前了很长一段时间来到机场。

围在外面的许多人是前来送行的佛教徒和恰好在机场遇到的一些善男信女，这些人都手中拿着供奉，希望能有机会亲自献给星云大师，然后得到星云大师的赐福。

这是个极为难得的机会，丁珮也赶紧找出一个敬佛的红纸包，拿出一些钱放进去。然后想尽办法往候机室门口挤。

但是就算挤到候机室门口也没有用，星云大师这天候机出行是不见信徒的，只是在候机室里为过往众生念经祈福，而供奉他全是不受的。

专用候机室的门口有他的弟子在不停地向那些信徒致谢并说明情况。而机场安保则构成了一条人墙通道，只让那些信徒从门口走过，看一眼正在端坐闭目念诵经文的星云大师。

丁珮挤到了前面，但还是在安保的指示下从人墙通道那边过去。当她走到通道最后，准备将手中供奉送给星云大师的弟子时，星云大师突然停止了念诵经文，睁开双目，开慈口发善音说了一句："等等，请她进来。"

大家一下子愣住了，就连他的那些弟子都不知道星云大师所指的"她"是谁。

星云大师微笑着朝丁珮招招手，站在他身边的弟子看清了他所召唤的对象后，赶紧走到门口，让安保和门口的弟子将丁珮让了进去。

丁珮见星云大师让自己进去，满心的惊喜和紧张。来到星云大师面前，一向无法无天，哪怕见到港督都没有丝毫怯意的她竟然说不出一句话来，只是恭敬地将手中的供奉递给星云大师。

"不，我不能要你的供奉，你的供奉应该是给佛祖的。"星云大师很坚决地拒绝了丁珮的供奉。

丁珮以为星云大师客气，于是赶紧解释道："佛祖前我每天都供奉不断的，这一份是专门给你的。"

星云大师笑了："不是不是，你给佛祖的供奉应该是一颗向佛心。而你不需要给我供奉，因为你我都是弘法者，你自己本身也是应该受供奉的。”

“我是弘法者？我是应该受供奉的？”丁珮有些疑惑。这话让她回想起马来西亚信佛教的郑先生，想起自己说要那钻石时他毫不犹豫地就买了给自己。

“对对，今日见到你很是高兴，你我的佛缘才是开始，而你与佛的缘分也才是开始。”星云大师说完这话之后便不再与丁珮讨论佛事，只说些家常。这可能是因为有些玄机是需要丁珮自己去领悟、参透的。

这一次由于星云大师要登机了，所以他们没有交谈太多时间，但是丁珮非常开心，欣喜和激动的感觉始终在胸中盘绕。她从专用候机室出来后，思绪旁飞，脑海里始终是星云大师慈祥的笑容，还有他那两句自己不能完全理解的话。

一直走到机场登机口她才反应过来，自己的行李都没有托运，而自己这么长时间始终在手里捧着没有送出的供奉。这时刚好有两个比丘尼从她面前走过，她便赶紧追了上去，将那供奉给了两个比丘尼，终究算是将这一次敬佛之举做得圆满。

那一次台湾之行是丁珮的开心之行，之前的演出格外地成功顺利，丁珮很开心。在台湾时从报纸上看到因江南案被捕的陈启礼被释放出狱的消息，她又很开心。而在离开台湾时很巧地就遇到星云大师，她更加开心了。

1989年9月的时候，香港佛教青年协会在沙田大会堂组织了一场佛学讲座。

本来这个讲座的准备工作佛教青年协会都已经全部完成了，

但是临时出现了变故，负责接送主讲法师的义工可能是没有那份福报，突然有紧急事务要处理不能来了。当时离讲座开始的时间已经很近，他们身边又没有可调动的车子。有人已经开始担心今天上午的讲座可能无法进行了，只能让陆续到来的数百信徒空跑一趟了。

这时负责此次讲座的协会职员李家凤突然想到了丁珮。他们之前已经邀请丁珮作为讲座的嘉宾，而丁珮家虽然离沙田大礼堂很近，但她出来肯定是要开车的。于是赶紧打电话给丁珮，问她能不能帮忙去接下人。

电话打来时丁珮正好还没出家门，当她听说今天要将自己这个嘉宾改为负责开车接送主讲法师的义工后，立刻欣然接受了。因为丁珮本身就是修的众生缘，为众生做事是修佛之道。

丁珮虽然是讲座的嘉宾，然后又由嘉宾转而变为负责接送主讲法师的义工，但事先她真的不知道这一天的主讲法师就是星云大师。因为香港类似的佛学讲座她基本都会去参加，所以也就懒得次次提前询问是哪位法师主讲。

见到星云大师后丁珮既兴奋又惊讶，心中暗自感慨佛缘的神奇。自己一年前与星云大师相遇是意外惊喜，而这次临时作为义工开车来接星云大师去做讲座更是提前的意外惊喜。

星云大师见到丁珮后非常高兴：“上一次在机场我说过我们的佛缘才是开始，你看，这么快就有第二次了吧。”

“是的是的，我希望还有更多次，那样才能不断得到大师的点悟和教诲。”丁珮这些都是心里话。

“不敢不敢，同悟同悟。”星云大师也是心里话。

上午的讲座完成之后，星云大师很欣然地再次搭乘丁珮的车子回去他的住处。

“大师，你下午还是在这里做讲座吗？”上车之后丁珮突然想到些什么。

“是的，还在这里。”

“你的住处离这里路程很远的，一来一回再加上用斋，差不多就是整个中午，根本没有休息调整的时间。我想可不可以这样，我家就在前面不远，你中午可以到我家去用斋，这样就有时间休息一下了，调整好状态继续下午的讲座。”丁珮提出这个建议时心中其实怯怯的，她觉得星云大师很大可能会拒绝，因为像他这样的高僧没有特别的事情是不会随便到俗家去的。

“可以呀，只是要麻烦你了。”没想到星云大师很爽快地就答应了。

丁珮载着星云大师在前面带路，后面的面包车里坐着的是星云大师的弟子和助理们。当他们到了丁珮家里后，那些弟子立刻拿出自己携带的食料、炊具、餐具，然后开始做饭用斋。全部过程丁珮只是站在那里看着，根本就帮不上手。

不过那些弟子做斋饭的过程让丁珮再次感受到干爹干妈家的洁净和虔诚，此时她开始觉得其实很多宗教在最初的教义上是有共通之处的。

中午的时候星云大师和丁珮聊了下她正在诵读的佛经，给丁珮讲解了些佛理，最后他对丁珮说：“你修习这些佛经可能太浅显了，应该去诵读更加高深的大经。而且你不需要刻意追求佛理真解，以你的灵性，诵读过程中便自然会有所参悟。”

当时星云大师这话丁珮只以为是对自己的一种赞誉，并没有真的这样去做。直到她开始诵读最大的佛经《大般若经》后，她才知道星云大师见解的高深。

下午的讲座丁珮始终都在现场聆听。虽然那礼堂的环境很不好，面积又小，在拥挤了很多人后，里面通风不畅，空气混浊，但是有洁癖的她却并未介意，一直坚持到讲座全部结束。

讲座结束后，星云大师还是坐了丁珮的车，由她送回住处。在车上丁珮讲了些自己的感受，她觉得像星云大师这样的身份和道行不应该到这样一个地处偏僻的小礼堂里来讲佛，应该有更大的讲经场所，让更多的人得到佛家的引导和恩惠。

“如果有那样的弘法场当然好了，但是香港这地方佛教还不够盛行，知道我临济正宗的人也不是很多，所以只能从小处、偏僻处慢慢做起。只要佛祖常在心中，则处处皆是修习地。不要说在这样的礼堂办讲座，就是让我下到地狱去诵经讲佛，也无不可。”

星云大师这句话对丁珮起到了很大的引导作用。在这之后，她开始尝试到墓地去诵经，为死者超度。虽然她在那种环境中仍然害怕，仍然感觉不舒服，但是她最终坚持了下来，并且渐渐适应。

后来有一次她接到一个台湾的演出合约，是在一个大型的艳舞场进行演出。虽然她不是表演艳舞，但是却要与很多脱衣舞女一起表演。她不知道这种场所的演出自己能不能参加，于是打电话给师傅圣严法师。圣严法师回答她：“能去不能去不是看去的是什么地方，而是你以一颗什么心去的。”

那次演出丁珮去了，在台上载歌载舞赢得了热烈的掌声，但是她表演完之后并没有立刻下台，而是在台上分发自己带来的佛像吊坠和佛语挂牌。而这一举动引起很大的共鸣，整个艳舞场先是一阵骚动，接着是一阵肃穆，那些看艳舞的、跳艳舞的一下都被震住了，被触动了。然后能听到此起彼伏有人在念诵佛号“南无阿弥陀佛”，虽然佛号声不多也不响，但是在这种场合下还是让人很有感慨和联想。

和星云大师第二次接触之后，丁珮觉得自己应该为星云大师做些事情。她打听了一下，星云大师在世界各地弘法，而他的愿望是要在五大洲都有佛光山的寺院。然后再由这些寺院发展别院，构成将佛法传播到世界每个角落的网络。

这是个宏大的目标，需要很大的资金，需要更多信徒的支持。但是现在连香港都不曾有一个与佛光山有关的机构，星云大师的佛学理论还未能在香港大范围地传播。自己要想为星云大师做些事情的话，应该最先从这方面入手。

之后丁珮开始联络一些香港的佛教人士，拜访一些有身份地位的佛教徒，还有就是名流、富豪中的善男信女。向他们说明自己想帮助星云大师到香港来做场大的弘法活动，请求他们能给予支持。

丁珮原本以为这件事情会比较艰难，结果却没有想到进展得极为顺利，好多事情和费用很快就都落到了实处。而事情进展到了这一步，关键的问题反变成星云大师能不能到香港来做这个大规模的弘法活动。丁珮将电话打到台湾高雄的东方佛教学院，再辗转找到星云法师。星云法师听说是这样一件好事不但立刻欣然应允到香港来弘法，而且在电话里对丁珮连连称谢。后来他对人提及此事时曾说过，接到丁珮电话的那一刻，他马上就预感到这是菩萨给自己在香港落下了一朵佛莲，是让自己在香港从此有个立足之本。当时其实自己也是太过惊喜了，所以才会在电话里很俗套地向丁珮连连称谢。

1990年，香港红磡体育馆。这是丁珮联合众多佛家信徒和佛教人士租下的场地。弘法用的舞台是向华强赞助的。这场讲座不但有星云大师做弘法讲座，而且还有香港西方寺的永惺法师同台开讲，可算是从未有过的佛家盛会。所以香港佛教界的所有重要人士届时都会参加，而且各界重要的社会名流也都会前来听法。

为了这个弘法大会能够成功，星云大师还特别邀请了粤剧慈善伶王新马师曾参与。新马师曾热衷参与各种慈善活动，而在香港，各种慈善活动必须是要以新马师曾的一曲《万恶淫为首》开场。他一曲唱下来，就会有无数善男信女疯狂抛钱捐款。如果慈善会没了新马师曾开场，那肯定是大大失色，捐款数额也会大打折扣。

新马师曾自己是信道教的，但是丁珮认为宗教其实是相通的，这个世界上几乎所有的宗教教义首先就是要世人为善，所以在筹备策划过程她也没有觉得有什么不合适。再一个丁珮觉得非常重要的是，新马师曾的出场可以争取到更多的捐赠和供奉，为星云大师实现宏大目标起到实际的帮助。

但是临到星云大师的红馆弘法开场之前，丁珮想来想去觉得新马师曾每次慈善会上演唱的《万恶淫为首》在这样的弘法活动中似乎不大合适。于是她赶紧去找星云大师，想询问一下他对此的看法。如果实在不行的话，那应该怎么处置比较合适。

丁珮来到星云大师所在的休息室时，大师正坐在那里闭目冥想。听到丁珮的高跟鞋声音后，他眼睛没睁就开口说了句："来了，我正等你来呢。"

丁珮很是奇怪："大师找我有事？难道也是觉得用新马师曾演唱《万恶淫为首》开场不合适？"

"你觉得用那《万恶淫为首》开场合适吗？"星云大师反问丁珮对《万恶淫为首》的感觉。

"是的，如果是其他慈善会，以这开场没什么不合适的，但是我们这不是慈善会，我们是在弘扬佛法，这样的话就让人觉得有些别扭，合不上主题。可是现在大会就要开始了，大师你说该怎么办呢？"

星云大师没有说话，而是从旁边的桌子上拿笔蘸墨，然后抄写了一段佛经。

"你将这个拿给新马师曾，看他能不能唱。"星云大师将抄了佛经的纸笺递给丁珮。

丁珮接过纸笺赶紧转身就走，急急地去找新马师曾。当她经过后面管理办公室时，红磡体育馆的负责人正好出来，朝她喊道："丁珮，快接电话，台湾打过来的。"

丁珮以为是台湾那边的兄弟姐妹们有什么事情，于是赶紧跑进办公室接电话。等接到电话后她才知道原来是自己师傅圣严法师打来的。

"好啊！太好了！丁珮呀，你这回做的可是大善举呀！"圣严法师是听说了丁珮相助星云大师红馆弘法，所以打来电话专门给予她褒赞的。他那么好的修为、那么稳的心境，此刻在电话里却仍是显得有些激动。“星云大师在红磡体育馆弘法，这是我们整个佛教界的幸事。我没有看错你，你的修行好，你的福报会更好。”

“师傅，弘法之事只要是在学佛之人能力范围内，那都是会不遗余力地去做的。而我也只是凑巧有这样的条件，所以就把场面做得大些了，把佛学之道推崇得尽可能广大些。其实从心而言和其他学佛者没有太大区别。”

“不是不是，你知道我为什么收你为弟子吗？就是因为觉出你身上有不同一般的灵性，有菩萨般的慈悲。所以认定你与众不同，会成为佛家的弘法者。而你第一次助星云大师弘法，便已经设下如此大的讲法场，可见你心中佛性之盛。今天我特意坐在那里冥想了一下你的命中定数，得出‘佛化妖相菩提归，十三正果世缘遂’的定语。”

“师傅，你这定语能细解一下吗？”丁珮其实已经听出这定语中有些内容和恒月老和尚所说的有相似之处。

“这定语是说你本是菩萨下世以妖相为化身，但终归是要从佛法之中参悟回归原相的。而你入世之举也是修习，应合十三数便可取得正果，遂愿世间缘分。但是……”电话那边的圣严法师欲言又止。

“但是我这世间缘分却不能遂愿是吧。师傅，其实我在取艺名时就找人算过，说是要合暗三数，这样才能与命中很重要的那个人契合不离。所以我取艺名丁珮，笔画十三画合暗三数。可是我最终的命运却未能改变，命中重要之人还是早早离去。”

“哦！是这样。”圣严法师在电话里的语气明显有些惊讶，“我不知道给你算命起名的人是何教何派，但他的理论却是与佛家有巧合之处。佛家十二因缘，又叫十二缘起支。此十二支互相为因果，周而复始，至于无穷。而其中业障最重者为‘生’‘爱’‘痴’三支。只有勘破这十二因缘，才能从万般苦中出，得第十三缘，也叫正果。”

“这样说的话我名字取十三画是正好呀。”

“不好。丁珮二字是十二画，而不是十三画。”圣严法师在电话里说道。

“啊！”丁珮的脑袋里嗡的一声，她仿佛又听到给他起名字的白大师在说话，“你命中有个很重要的人，要想与他契合长久、不分不离，那么名字中最好还要带有暗三。”

但是幻觉中白大师的声音很快被现实中圣严法师的声音压盖了：“因为俗体不脱十二因缘，所以你在世间虽有神通却难升腾，御龙而舞，遇龙而无……你虽然最终还是会从佛法之中参悟回归原相，但世间因缘却不能就此了了。然后修行研佛同时还需受十二因缘之苦，行慈悲事，为众生求。所以你是个在家菩萨。”

丁珮在体育馆后台的通道里茫然地走着，周围有人不断走动着，忙乱着，但是她如若不见，如若不闻。此时此刻只有圣严法师的那些话始终在她耳边盘旋。

丁珮也不知道自己是怎么走到新马师曾的休息室的，也不知道自己是怎么把星云大师抄录了佛经的纸笺交给伶王的。当她惊醒过来时已经是站在舞台的台口，而唤醒她的是伶王一声清亮的唱腔。

伶王毕竟是伶王，伶王的灵性中可能也隐含着佛性。一段他从没有见过的佛经，刚刚拿到手里就站在了舞台上。但是随着乐器的响起，他竟然同样婉转悠扬地唱了出来。这是一种表演，这也是一种诵经的方式。这是一种美妙的曲调，但这更是点醒心灵的佛音。

丁珮站在台口，脑子里有一幅幅的画面闪过：她望着紫禁城屋脊上飞舞的龙形离开北平；她看到龙洗中扭曲的龙形后从曹二爷家逃出；她与陈启礼共同对敌；她与蒋孝文比舞；她甩开那个有皇家血统的瑞士男友的手，从雪山碧湖边舞蹈般跑过；她和李小龙并驾齐驱，然后在山坡上翩翩而舞；她和向华强牵手从海边的夕阳中走过……

这一刻丁珮已经泪如雨下，和每次尽情哭泣时一样，她没有去擦拭泪水。这一次她似乎并非要用泪水将什么带走，而是想用这泪水冲刷掉一些过往的尘埃，让记忆中的一些事情更加清晰。

“御龙而舞，遇龙而无。”人生不也像伶王唱的这段佛经吗，可以随手拈来，可以宛转悠扬，但是又有几人可以参透其中深意，又有几人知道其中的玄机和玄妙。瞬息而过，如云如风，其中的对错好坏可能全在于那么一个笔画。

灯光骤亮，佛音庄严，星云大师带了六百僧人飘然而行登上红磡体育馆的舞台。六百僧人按几方法度、几方法相盘膝坐下，蔚为壮观。

星云大师一场佛法讲下来后，诵佛号为结语。随之六百僧人齐声诵经，撼人心魄。于是台下信徒一起跟着念诵，整个红磡体育馆中诵经声汇成海潮一般。

跟着僧人诵经的有官员、名流、明星，有唐太、向华强、陈岚……当然，还有丁珮。丁珮在舞台前双手合十，神情肃穆虔诚。舞台上的灯光射下，仿佛将她浸浴在一团佛光之中。她很用力很大声地念诵着经文，那声音像呼唤，像倾诉，像祈求，像哀怨。这是一种情感的宣泄，这是一种生命的告白，这一刻她是要将自己所经历的所有幸福甜蜜、艰险磨难全都表达出来。

这是星云大师第一次在香港红磡体育馆进行佛学讲座，全过程都是由丁珮给予操办。这次讲法开启了星云大师红磡体育馆弘法之始，此后他每年都会在这里弘法，一直持续至2008年，长达19年。

星云大师的第一次红馆弘法，就犹如一次佛入人间的神迹，给了丁珮更加坚定向佛的决心。而那次之后，丁珮也有了自己独特的一种诵经方式，那是一种带有感情色彩的类似朗诵的方式。因为她觉得这样诵经才能付诸她所有的心力，表现出她最大的虔诚。

1991年，星云大师在香港成立中华佛光协会（后更名为国际佛光会中华总会）。丁珮为第一任的协会理事。

修《大般若经》

1993年，美国发行李小龙逝世二十周年纪念钞票，好莱坞的名人大道铺上了李小龙纪念星徽，而香港电影金像奖大会颁发给李小龙“终身成就奖”。

也是在1993年这年农历的4月8日，丁珮来到普陀山。

丁珮是观音菩萨诞辰日出生的，所以观音菩萨的道场她无论如何都是要来一趟的。很巧的是农历4月8日这天正好是佛祖释迦牟尼诞辰，而丁珮身份证发证的日期也正好是这一天。

陪同丁珮一起上普陀山的是宁波一家旅行社的导游刘女士。刘女士曾经在佛学研究院读过书，后来改行做了导游。所以对佛学知识以及与佛学有关的典故非常熟悉，与丁珮一路聊得很投缘。

到了普陀山之后，丁珮并没有像其他游客那样翻山而过，沿寺游玩，而是要求刘女士带领她前往最有灵性的菩萨像前敬香。而这次幸好是由既熟悉普陀山又学过佛学的刘女士陪同，听到丁珮的要求后便直接带她前往位于紫竹林的不肯去观音院。这观音院虽然不大，却是普陀山上修建最早的寺院，开普陀供佛之始。

不肯去观音院里的人不多，像今天这样的日子大部分的香客都是往普济、法雨这些大的禅寺去敬香。到不肯去观音院的一般都是些普通游客，而且大部分都是在寺院外临海的石崖上游玩。

一进到不肯去观音院中丁珮就觉得此处不同一般，虽然规模很小，但是古色中有雅致，佛意中有灵气，这在以往到过的寺院中很少见。于是她马上伏地虔诚地叩拜，并且在敬香之后跪在蒲团上念诵了一段经文。正是因为寺院中的人不多，而且都是些普通游客，所以丁珮虔诚的气质和她独特的念经方式引起了寺庙中僧人的注意。就在丁珮念诵经文过程中，他们过来主动敲响木鱼和铜磬来配合丁珮诵经敬佛。而刘女士也在那一刻惊呆了，她接待过无数善男信女、僧侣居士，但是像丁珮这样念经的是第一个，能用诵经之声召唤来全寺院的僧人敲响木鱼、铜磬配合的也是第一个。

丁珮敬香诵经结束后，主持观音院的大和尚主动过来见礼，并且向丁珮详细介绍了不肯去观音院的来历和典故。但就在这过程中，丁珮注意到不肯去观音像莲台左侧供奉着一个很长的红木框玻璃匣子，里面装着有十几本经书。从装帧上看，应该是一整套版本很古老的经书。

“主持师傅，那是什么书？”丁珮走到玻璃匣子前问道。

“啊，这是全本的《大般若经》，是最大的经，也是专讲大智慧的经。这套经书是我们不肯去观音院好多位高僧相传下来，但他们中却没一个人读通全书。”

丁珮凑近了玻璃匣子仔细看那经书，这经书虽然已经老旧泛黄，但隐隐间却像是有着一种幽然的光泽在上面流淌，就像汲取了日月精华的宝石。

“真漂亮！”丁珮发出一声感叹。

“是漂亮。”那主持全然知道丁珮所说的是什么意思，立刻回应道。

而导游刘女士在一旁听了这对话后一脸茫然，完全搞不清这两人怎么会对着一套经书说漂亮的。

“师傅，我能结缘将这套经书请回去吗？”丁珮是瞬间下定决心的，只要主持开出价来，哪怕是要耗尽自己所有的积蓄都在所不惜。

“呵呵，施主，这经书和这里的观音都是不肯去的。”主持果断以婉转的言辞回绝了丁珮，“这经书是多位高僧诵读过的，附着了许多的佛性和智慧，我们已经将其与菩萨一起敬供了。再说了，你就算请这经书回去，那终究还是别人的经呀。”

“师傅这话是什么意思？”丁珮没有听懂后面的一句话。

“经是请不回来的，经是要自己念来的。就说这套《大般若经》吧，原来也只不过是民间普通印版，如果不是数代高僧诵读它而换作一个官商人家收藏，又怎会有如此盎然的灵慧之气。而已然灵慧的经书，你即便请了回去，供放在那里就能将经义豁然了吗？”

“哦，是这样啊。”丁珮似乎是明白了。

“其实天下经书都一样，只是看念与不念，口念还是心念。一本经书你念了，通了，悟了，即便此书已经残破不堪，但你仍会觉得这是一个宝，甚至是你的一部分。”大和尚这话说得更加浅显直接。

丁珮没有说话，只是微微点了点头，此后她再不提一字请不肯去观音院的《大般若经》。但也就是在这一刻，她暗暗下定了决心，自己回去也要研读《大般若经》，将这大智慧的经书变成自己的经。

从不肯去观音院出来后，主持大和尚可能因为回绝丁珮结缘请书的愿望而心生歉意，于是主动提出陪同她在周围走一走。大和尚对普陀山人文、景观以及佛教传承的了解比导游刘女士肯定深入得多，所以有他陪同丁珮还是很开心。而且普陀山是座海岛，环境和丁珮经常去的香港大屿山有着几分相似。所以丁珮到了这里仿佛有种到了家的感觉，这让她心情更是舒畅，全忘了未能请到经书的事情。

他们沿着不肯去观音院往上走，转过一个弯便是新罗礁上首的龙湾岗墩。这个地方依山背水，往前一眼望去是蓝色的大海，往后是连绵起伏的葱翠山峦。天、地、山、海在这里完美结合在一起，是个自然景色非常优美的地方。

“这个地方太美了，真就像仙境一样，难怪会成为观音菩萨的道场。”丁珮感慨道。

“这地方叫龙湾岗墩，你们看后面的山，像不像一条龙拥绕着、守护着这个海湾。”大和尚一边说一边指点给丁珮看。

听到这话丁珮心中一颤：“‘一条龙拥绕着、守护着这个地方’，李小龙是龙，但他没能拥绕、守护自己。而普陀山的龙应该拥绕、守护观音菩萨，可它现在却只是拥绕、守护着一块空荡的海湾。”

“这里少一座观音菩萨像。”丁珮将心中所想脱口而出。

听到这话主持大和尚一下怔住了，他缓缓回头用疑惑的目光看看丁珮认真的表情，再眯着眼睛将龙湾岗墩上上下下、前前后后仔细看了一遍，然后既惊讶又感慨地说道：“真的呀，这个地方是应该供奉一尊高大的菩萨像。那样在龙形拥护之下，真就成了仙境道场了。咦，以前怎么一直没人看出来呀？”

丁珮游过龙湾岗墩之后便离开了普陀山。临走之前她用红纸包包了一份供奉，然后捧着送到不肯去观音院的主持大和尚面前。

“我今天想请《大般若经》回去，那是动了妄念，再次多谢师傅及时指点迷津。但在龙湾岗墩脱口之说倒是心中真愿，只祈盼此愿有朝一日能够得偿。这一份供奉虽不丰厚，远不及那些为普陀捐车、捐宝的大施主。但我真心希望这份供奉可以为龙湾处立菩萨像出些绵薄之力。”丁珮这番话听着虽然有些像电影台词，但她却是用了十二万分的诚意。

“施主的真愿我一定在合适机会向全山方丈和普陀佛教协会反馈，并且就我个人而言，我可以向你保证会力促此事得成。”主持大和尚也是诚意满满。

没人知道最后到底是谁的提议被采纳了，又是谁促成的这件事情。总之在1995年的时候，普陀山龙湾岗墩开始修建南海观音立像。1997年，龙湾岗墩的南海观音立像全部建成。这是当时全世界最大的铜质观音菩萨立像，总高33米。其中台基高13米，铜像高18米，莲花座为2米。造型采用飘海观音形象，端庄慈祥。

1997年的农历九月二十九日这天，南海观音铜像开光。但是没有想到，开光之前，铺天盖地的乌云再度席卷天空，一场倾盆大雨似乎已不可避免。8点15分，全山方丈戒忍大师宣布："南海观音圣像开光法会正式开始！"话音刚落，仿佛有一双无形的巨手在这一瞬间拨开了乌云，一束阳光透过云层直射下来，落在刚落成的观音像上。而紧接着云层变化，在天空中形成开光观音像的剪影。

见此奇异天象，有人高呼"观音菩萨显圣了！"顿时在场的四千多僧人信徒纷纷跪倒，虔诚地顶礼膜拜。

普陀山南海观音铜像开光这天的奇象视频在网上至今都点击火爆，丁珮也是后来从视频中看到南海观音铜像开光这天的奇象的。但是她看到这画面后并没有显得非常激动，而是长长地、缓缓地舒出口气，就像是卸下了什么重负似的。

那年的普陀山之行，丁珮动了一次妄念，想得到那部供奉着的《大般若经》，结果却没能如愿。但她却因此发愿，开始诵读《大般若经》，而最终她用十年时间真就将它念成了自己的经。

那年的普陀之行，丁珮发了一个真愿，就是希望在龙湾岗墩那里建一座观音菩萨像。这听起来像是一个妄念，但很快被大家认可，于是几年之后一座最大的铜质观音立像竖立在了普陀山的龙湾岗墩。

但是从那以后丁珮再没去过普陀山，据她自己说是因为那座南海观音像会让她心中产生太多感触。恒月老和尚曾经告诉丁珮：“观音即你，你即观音。”如今普陀龙湾岗墩的南海观音有龙形拥绕、守护，而应该拥绕、守护丁珮这个观音的龙却是在很久以前就隐没在了天光云影之中。

就在普陀山之行的同一年年底，丁珮专门请美国三藩市般若讲坛的智海法师为其讲法。她这样做其实是想对《大般若经》做一些先期了解，为她自己诵读这部经书做些准备。

智海法师真的可以说是佛法高深，特别是对《大般若经》的见解更是深刻、睿智：“此中真义皆由‘性空幻有’入。性空，指佛言一切法都没有实在的自性；幻有，指一切法虽然自性空，但并非虚无，假有的现象仍是存在。世俗认识的一切均属‘因缘和合’，假而不实；唯有通过‘般若’对世俗认识的否定，才能把握佛之真理，达到觉悟解脱，即所谓大乘。”

听了智海法师所讲，丁珮心中升腾起一种莫名的兴奋：“太好了，这经义真的太好了，我一定要好好将这部经书研读一遍。”

听丁珮说也要研读《大般若经》后，智海法师挺不以为然，因为像他这样的高僧也就读过一遍这部经书。

“读经犹如举鼎，所不同者只是一个用的是心力，一个用的是气力。但不管用的何种力，都应该量力而行，适可而止。《大般若经》是第一大经，不是什么人都有读通的心力和佛性的。”智海法师这是善意的提醒，也是明智的教诲。

“我知道，我见过一部《大般若经》，那是几代高僧诵读过的，但没有一个高僧将其通篇读全。但我不同，高僧们是边读边悟，而我只管念诵就是了。一遍不行两遍，两遍不行三遍，等我念诵十遍之后，我相信该悟出的智慧都能悟出了。”丁珮所说是星云大师教导她的方法。但她却不知道，这方法不是什么人都能做到的，是需要不同一般的天赋、佛性和毅力才行。

智海法师摇了摇头，当听丁珮说要读十遍《大般若经》后，他觉得丁珮要么是完全不清楚《大般若经》是怎么回事，要么就是在说疯话。因为从古至今还没有一个人能够做到这样。

但是智海法师却完全没有想到，丁珮真的做了，而且朝着既定目标一步步地实现着。

1994年的一月份，丁珮开始诵读《大般若经》，她一下子看这么高深的经文是因为星云大师几年前说她所读的经书太浅显了，也是因为在普陀山已经在心中决定了这样的佛愿。

《大般若经》全名《大般若波罗蜜多经》，有600卷，480余万字，是一部多种佛经的总集，也是精修佛学的必读之书。这部经书内容讲的是佛法中的大智慧，很多内在的东西是只能意会不能言传的。像我们熟悉的《心经》《金刚经》其实都是《大般若经》中极小的一部分。

丁珮诵读的那部《大般若经》是她侄女专门从台湾众生出版社请回来的。后来她还专门定制了一套烫金版的，但这一套不是诵读的，而是专门用来供奉的。

其实这《大般若经》真的不好念，一般人的心力根本无法驾驭。好多人刚刚念就会觉得身体不适，气血翻腾，一篇大经看下来，眩晕跌倒的常有出现。但是丁珮却没有这样的现象，这倒不仅是她心力强，佛性高，还因为她刚开始读经时已经经历过这些。所以现在即便是更加高深的经文，她都已经能完全适应了。

也就是在诵读《大般若经》之后，她的记忆力得到全面恢复，甚至比原来更有超越。她小时候没有好好读过书，对书本知识的理解和记忆是弱项。而后来因为被人陷害吸毒、酗酒导致记忆力的损坏。但是诵读《大般若经》之后，她能够在两个月内背诵下近六千字的《金刚经》，而且到现在为止已经可以一字不差地记住两万六千字的佛经了。

《大般若经》的经义非常高深，丁珮其实根本读不懂其中内容。但是星云大师曾经说过，她只需要不断诵读而不必刻意去了解经文中的意思，到了一定程度，她的灵性会自然而然让她悟出其中真义。

丁珮很执着、很虔诚地用了十年时间将《大般若经》读了六遍。而事实也真像星云大师所说，丁珮诵读这部大经时完全不管其中内容的意思，只管口中诵读。但是每读一遍她的心中都会有不同的感受和参悟，而且随着遍数的增加，感受到的和参悟出的真义也越来越多、越来越深。

智海法师对丁珮的看法也在十年后彻底转变了。因为据他所知，从唐朝玄奘翻译《大般若经》时起到现在，所有有效文字记载中能将此经文诵读六遍以上的，丁珮已经是绝无仅有的一个。

于是智海法师主动提出，要收丁珮为弟子。因为丁珮也知道智海法师是个对佛学非常执着的人，然后在自己研读《大般若经》之前给予了自己很重要的引导，所以就欣然答应了。

智海法师给丁珮新取了一个法号普观，并从此将她作为自己研修佛学获取成功的标志之一。

念念不忘，必有回响

读了《大般若经》之后，丁珮不但记忆力有了超越，她的预感灵性也更加敏锐了。香港许多明星她见过一次便知道能不能红，开拍的电影她去探个班就知道会不会火。

九十年代中期，内地有许多艺人演员、体育明星开始利用各种关系前往香港定居。这不只是香港当时的生活水平、从业机会、福利待遇要远远好过内地，而且到了香港之后可以将此地作为跳板往英国、美国这些国家再移民。

著名的奥运游泳冠军庄泳就是这个时候去的香港。到了香港以后首先就进军演艺界，前后也参拍过数部电影，但都不成功。1995年起她担任了香港凤凰卫视音乐节目的主持人，也没能够做得风生水起。

在这期间庄泳结识了丁珮，并且跟着丁珮学习佛法。不过她并没有管丁珮叫师傅，平常都管丁珮叫珮安帝。这两人关系一直都很好，所以庄泳有什么心事都向丁珮倾诉。

当时庄泳最大的心事是将来该何去何从。特别是九七就快来临，到那时香港不知道会变成怎样的一种新环境。所以她一直都在考虑自己到底是该留在香港还是该再移民去其他国家。

这一天庄泳又来到丁珮家中跟着她研学佛法，才开始不久丁珮便发现庄泳有些心不在焉，注意力不能集中。

“心中有俗事放不下，那么强求佛法也是入不了心的。”丁珮并不知道庄泳心中到底存着什么事情，她只是提醒庄泳要以正确的状态研修佛法。

“珮安帝，我想问你一件事情。马上就要九七了，你觉得我应该继续留在香港还是移民去其他国家？”庄泳将心中的事情说了出来。

丁珮几乎是在下意识间就回答了庄泳这个问题：“你不要考虑去其他国家了，在外面漂的日子永远不会好过家里的日子，出去后只会坏不会好的，你明白吗？我觉得你最好还是回上海，上海以后肯定会很好的。实在要不愿意的话留在香港也行，但在香港发展你的空间并不太大。”

“为什么一定要回上海？其他国家真的就不行吗？留在香港还不如回上海吗？”

庄泳又是一连串的问题，但是这些问题丁珮全都没有回答。或许是天机不可泄，也或许是她根本就不知道怎么回答。其中原因可能是她当时只能悟出结果而不能悟出理由。

庄泳并没有相信丁珮这没有理由的结果，所以后来移居了新加坡。但在取得新加坡居留权后不久，她的家庭就破裂了。那时候正当回归之际，庄泳因为特殊的身份在香港其实很受关注，回归时的很多重要活动都考虑到让她参与。不过移居、离婚这些事情让她状态大受影响，之后在香港就不再参与任何公开活动了。

2000年庄泳回到上海，组建了新的家庭，并与好友合作经营“郁金香传媒”公司。在公司经营到一定阶段积聚足够实力后，引入风投，启动上市。虽然后来上市未能成功，但近期被上市集团新文化看中拟收购，这样一来庄泳将可以套现成为亿万富翁。

事实证明丁珮所说是完全正确的。但是直到今天，丁珮依旧没有说出当时为何要这样劝导庄泳。后来倒是一个作家在上海和丁珮吃饭时尝试着破解此事，他说庄泳的“庄”是家乡、家园的意思，而“泳”显而易见是在水里游。上海是庄泳老家，而“上海”两字的字面正是去海上的意思，去海上可以给“泳”者一个宽阔的空间。而香港只是个“港”，虽然一样有水可游但给“泳”者的空间很小。至于新加坡，那是个“坡”，“泳”者在此处毫无用武之地。再有“庄”字上广下土，那是指要立足本土，发展广告、广电这类宣传类的事业。

对这样的破解丁珮很截然地说了句：“不是的，你知道我读书比较少的，不会想那么多。我就是背诵佛经时不知不觉就知道了，就好像看到结果一样，你明白吗？”

这话倒是真的，就预感、预见方面丁珮真和从前不一样了。过去丁珮的一些预感是来自偶然的灵光一闪，这是她天生灵性的一种瞬间凸显。但是在诵读《大般若经》之后，她的预感则大多来自于默诵、冥想的状态。当静心冥思或者心中默念经文到无我状态后，身心与虚幻境便会完全融合，这时脑子里经常挂念的某件事就会出现，随之对这件事情独到的想法和见解也会出现在脑子里。也就是说，相对过去而言，她预感、预知的能力更强了，而且有了针对性和控制力。

丁珮曾经告诉很多人她的这种能力，但相信的人没几个，大多数人都觉得她这可能又是一种精神疾病的状态。而丁珮也不强求别人相信她，她知道有些精神境界和能力范畴是世界上绝大多数人无法理解的。

其实九七回归之前心中恐慌而采取各种后备措施的远不止庄泳一个。那段时间香港人移民、移资成了一种风潮，人们见面打招呼第一句都是“你还没走？”

圣严法师曾告诉丁珮：“……世间因缘却不能就此了了。然后修行研佛同时还需受十二因缘之苦，行慈悲事，为众生求，你是个在家菩萨。”

这用我们俗家话来说其实就是要丁珮在自身修佛的同时还要担当起一种社会责任。所以在香港民众恐慌、担忧的时候，很少在公众场合下露面的丁珮主动出现在媒体前面说话了，而且所说的内容是她又一个灵验的预感。

“香港回归以后非但不会出现动荡，而且会有持续的发展。我看好九七后的香港。”但是她这话相信的人不多，除了对她信任的一些佛家信徒。所以为了证实自己所说的可信度，一直未曾在香港购房的丁珮决定赶在九七之前购房。

“当时这么做说明我对自己的预感有信心，也是想让大家树立信心。当然了，还可以说我有眼光，那时候买房真的是抄底了。”现在丁珮说起九七前的购房之举还是非常得意的。

丁珮属猪，所以她真的是个懒人，就连买房子的事情都没有亲自操作。事先也未去看房、查房、挑环境、看风水，全凭朋友的介绍，她就将房子定下了。

付了预付款拿到房子钥匙后，她才到新房里去了一趟。而这一趟看下来她觉得可能是佛祖又在考验她，众多巧合的事情让她觉得李小龙又回到了自己身边。

她买到的新房子就在沙田，丁珮站在家里的阳台上远望近眺，一时间不由得感慨万千。不过这一次她没有再流泪，只是连连地叹息。

楼前就是当初她和李小龙每次飙车的终点，那块可以停车的平坦场地。丁珮记得自己曾经和李小龙在这里随着*Release Me*的音乐翩翩起舞，曾经手拉手站在坡沿边看夕阳落下，曾经相拥在汽车里看山下的万家灯火。

丁珮还记得李小龙说过，他会记住这个地方，将来要在这里买一座房子。然后每天看着夕阳落下，看着远处灯火亮起，在*Release Me*的伴奏下，邀自己共舞一曲。

丁珮也记得自己说过，李小龙不买她也会买，她要将那一个时刻永远在记忆中保存。哪怕有一天李小龙离她而去，她也会在这里放着*Release Me*，独自起舞。

而现在她真的买了这里的房子，真的只能在这里独自起舞了。

如果房子的地点是个巧合，那么其他更多的细节则是巧合中的巧合。这套房子所在的那座大楼叫凤凰楼，而李小龙小名“细凤”。凤凰楼所在的住宅区叫“沙田33”，而李小龙是1973年去世的，虚岁正好33。去世那天来的救护车是43号，而最终是在丁珮住的3楼去世的。而丁珮现在所购的房子也正好是在23楼。当初白大师给自己起丁珮这个名字时曾说过，自己要和命中一个很重要的人长契合、不分离，名字中一定要带有暗三，现在看来真的是非常有道理。

房子开始装修后，丁珮每天都去看进度。有一天刚到楼下就发现有一群人拿着罗盘在自己家所在的凤凰楼周围转来转去，于是她好奇地跟了过去。

询问之后才知道，那些人都是香港大学建筑系的学生，他们是在环境学科的老师带领下查勘香港的风水格局。根据过去的资料和最新的查勘结果，他们在这一带找到了一条龙脉。然后顺着龙脉而行，想知道其起止位置。但是当他们一路查到凤凰楼的位置时就再也辨不出龙脉的走向了。从风水学上讲这应该是“龙首归穴”，香港是个停歇的港口，龙到此处回家归穴倒也合乎玄理之说。

“龙首归穴”——丁珮心中暗自反复念叨了几遍，“他也是龙，那就是说他也回到了家。莫非无法解释的巧合正是另一个世界未了的心愿？他也在这儿，他怕自己没人陪，他怕自己独自起舞会伤心落泪？”

丁珮将新宅装修得既富丽堂皇又舒适惬意，然后还在家里面摆了很多的佛像。拿丁珮自己的话来说，她就是要将自己的家装饰成极乐世界一样。因为她是个懂得享受的人，因为她更是个懂得尊重灵魂的人。如果流连的灵魂不愿远去，那么她将会让这灵魂在自己营造的极乐世界里安然、宁静。如果流连的灵魂即将远去，那么她要让这灵魂看到自己过得很开心，很幸福，很享受，这样才能让它了却夙愿，没有遗憾，然后安心回归轮回。

周星驰与裤子

1992年，向华强改制永盛成立了中国星集团，并于1996年成功上市。向华强一直遵循自己最初的经营策略，打造属于自己的明星群体，吸引固定的观众群体。所以香港有许多明星都是向华强一手捧红的，像刘德华、周星驰、张柏芝等等。而在这个明星群体中有个人是丁珮一直很关注的，那就是周星驰。

丁珮关注周星驰是有原因的。首先他的表演风格我行我素，独特大胆，这些和年轻时的丁珮有几分相似。再有就是周星驰从小就疯狂崇拜李小龙，曾经还专门去练习咏春拳，对电影事业有着极大向往。他曾自言“李小龙从小到大都是我的第一偶像”。所以在他的影片中，有很多模仿李小龙形象和动作的段落。

周星驰也非常尊重丁珮，但这绝不是因为李小龙，而是丁珮自身的风采和善良让他很是钦佩。

1995年周星驰拍摄的《大话西游》上映后票房惨败，他自立门户创建的彩星电影公司宣告倒闭。于是他又接拍了几部电影，挣到片酬后再次创建星辉电影海外公司，但拍摄的片子票房也一直不太理想。

而到了2000年时，周星驰的星辉电影海外公司进入了最为困难的阶段，甚至可以说是穷途末路了。因为周星驰的性格、处世比较另类，为人激进，好胜，涉及到利益时则中规中矩，不太讲情谊和面子。所以香港电影大亨们虽然对周星驰参拍自己的电影很是欢迎，但对他创建电影公司却很忌讳，生怕哪天他一下风生水起了会搅浑香港电影这潭水。本着公平竞争的原则，香港电影的同行们并没有打压、难为星辉海外公司，只是对它所持的态度很一致地是不合作，不支持。不过这种态度也确实影响到了各银行和电影投资商们，再加上星辉那一段的状况确实不如人意，所以他们也都拒绝给星辉贷款和投资。

周星驰就是在这种状况下筹划拍摄《少林足球》的。在此片中周星驰一人兼了制片人、导演、编剧、主演四职。这部电影是一次汇集功夫、喜剧、特效、动漫视觉等多种元素的尝试，也是周星驰想借以冲出香港进军亚洲电影市场的大制作，为了这个制作他已经注入了很大的精力和心血。

但是现实的问题是他既贷不到款也没人给他投资。《少林足球》预算投资要达到4000万港元，而之前星辉最好的作品《喜剧之王》票房只不过3000多万港币。且不论周星驰同各投资商和银行的关系如何，单是这两个数字就已经可以让大家清楚其中风险而望而却步。所以周星驰这个费尽心血的作品根本无法付诸实际操作。

在一次香港影人的集会上，丁珮看到了周星驰。但她没有马上和他打招呼，因为只一眼她就发现周星驰的俗身相不是太好。

而那天周星驰的状态也真的很不好，因为刚刚遇到个通晓相术的朋友说他“面枯颊红，肩晃步乱，腰胯微颤”，而这些外相说明他现在“思有焦虑，仓皇心虚，底气不足，缺少支撑”，所以“最近大事小事都不能做，做也难成”。

周星驰平时并不是非常相信这些，但是心中有事者往往最怕的就是事难成。那位朋友所说的是天机也好调侃也罢，都正好印证了他在筹划拍摄的《少林足球》。如果是天机，说明老天都不让他成功；如果只是调侃，那么说明大家都知道了他的现状已经是进了死胡同。想到《少林足球》这片子恐怕得就此放弃，一向外表显得比较羞涩的周星驰这天的神情不由得有些气急败坏。

但是当周星驰看到丁珮后，他立刻暂时放下不良状态，很是热情地过来打招呼：“丁姐啊，你也在这里。我刚才没看到你，要看到你的话早就过来给你请安了。”

“你最近怎么样？有没有计划拍什么新片子？”丁珮是因为看出周星驰俗身相不好，所以直接询问周星驰的近况。

于是周星驰将自己筹划拍摄《少林足球》的事情对丁珮讲述了一番。

“好呀！很好呀。《少林足球》，那少林代表着佛家禅宗，又代表了功夫。而足球的‘足’是很满、最多的意思，球是圆的，也代表着最大最满，另外还有博大包容的意思，同时也应合了佛家圆满之说。佛家《四教仪》里就包含有圆满、圆足这两方面的意义。

另外足球也是一项强身的运动，与功夫有异曲同工之妙。你这电影名字其实是将佛学与功夫融合得圆满，肯定会成功的。”丁珮虽然读书少不懂得咬文嚼字，但是与佛学、功夫有关的概念她却是可以滔滔不绝说出很多来。所以当周星驰提到《少林足球》，丁珮立刻帮他做了大量分析，而且是倍加赞誉。

周星驰听丁珮这么说，不由得也兴奋起来：“在这个电影里，我还兼了制片人、导演、编剧、主演四职。”

丁珮摇了摇头：“你这样在俗家的说法就是贪，贪功，贪名，贪利。在佛家的说法就是放不下，放不下手也放不下心。难怪你的俗身相不是太好，可能是因为太过操劳，心思过重，要不你抽些时间出来跟着我念念佛经。”丁珮劝人念经已经成为了一种习惯，因为她自己就是通过念诵佛经得到了很大的益处。

“唉，什么放得下放不下，这部电影没人投资也贷不到款，现在不放也得放了。哎，对了，丁姐，你能不能帮帮我？”

“我怎么帮你？我又没钱给你投资拍电影。”丁珮觉得周星驰可能有些慌不择路了。

“不不，丁姐，你只要出面就行，凭你的面子肯定可以帮到我的。求求你了，这部电影如果成功了，我接下来肯定拍一部和李小龙有关的电影和一部弘扬佛法的电影。”周星驰仿佛赖上了丁珮，但他说出的两个条件倒真的对丁珮很有些吸引力。

“我没钱投资，现在专心学佛念经也不便出面。这样吧，我借你件东西，希望能给你带来好运。”

“什么东西？”周星驰很好奇。

“一条裤子。”

“什么？一条裤子。丁姐，你开玩笑的吧。”周星驰觉得丁珮可能是在调侃他。

“是的，一条裤子，李小龙的裤子。”

周星驰怔住了，许久没有说话。李小龙是他崇拜的偶像，偶像的力量是强大的。如果有一件偶像的遗物在自己手中，迷信也好，寄托也好，心理暗示也好，总之肯定会给自己很多精神上的支持。而且这种裤子又叫财裤，与财库同音，在香港习俗中是有很好寓意的。

“嗯，我告诉你呀，这是财裤，更是龙裤啊。希望它不但能带给你拍电影需要的钱财，而且还带给你腾上九霄、纵横天下的龙威豪气。你明白我的意思吗？不过当你真的冲上天之后，可千万不要忘记你的承诺哦。”

“我懂，我明白。谢谢丁姐，谢谢丁姐！”

“不用谢我，要谢你就谢李小龙。”

丁珮真的借给了周星驰一条李小龙的裤子，这是李小龙留在丁珮那里的遗物之一。丁珮当时这样做其实并没有什么太玄乎的意思，她就是想给周星驰一些精神上的支持。

不知道真是李小龙的财裤太神奇，还是丁珮这样做让一些人觉得丁珮在支持周星驰。这件事之后没过多久，就有人给周星驰的《少林足球》投资了。

而接下来发生的事情则完全证明了丁珮当时对《少林足球》分析的正确。《少林足球》2001年上映后，大破香港华语片票房纪录，以历史上最高票房夺冠。该片被认为将带动港产片的复兴，在中国、日本、韩国等地，《少林足球》都大受欢迎。

2002年，《少林足球》获得第21届香港电影金像奖最佳电影、最佳导演、最佳男主角和杰出青年导演四项大奖。此外，还获最佳男配角、最佳音响效果、最佳视觉效果奖，成为第21届金像奖大赢家。

周星驰在金像奖领取最佳导演致答谢词时，第一个就是感谢李小龙，但是在随后感谢的所有人中都没有提到丁珮。

而在这之后周星驰再没和丁珮提起过还裤子的事情，丁珮打电话给他也打不通。只听说他在埋头炮制新的电影《功夫》，忙得没时间见人。

很巧的是丁珮有一天去赴一个朋友的宴请，正好在酒店里遇到了周星驰。刚开始两人距离远远的，也不知是周星驰没看到丁珮还是故意要避开，他转身是要往另外一个过道中走。但丁珮骨子里那股不放弃的韧劲上来了，马上加快步子追了过去。

周星驰一见丁珮立刻非常热情地问候："这么巧啊丁姐，我难得从片场出来应酬一次就遇到你。你最近都还好吧……"场面话说了很多，但始终都没提还裤子的事情。

丁珮也没有提及裤子的事情，但是她却毫不客气地提醒了周星驰另外的事情："别忘了李小龙和弘扬佛法的电影。"

周星驰听到这话微微怔了下，然后胡乱找个借口急步离开。

电影《功夫》再度打破《少林足球》所创下的香港华语片票房纪录。周星驰更以此片获得第42届金马奖最佳导演、最佳剧情片等殊荣，并且入围第63届金球奖最佳外语片，被时代周刊评为2004年世界最好的十部电影之一。

丁珮很久没去看过电影了，但是她去看了《功夫》，因为有人告诉她里面有李小龙的影子，也有与佛法有关的内容。

确实如此，在电影的最后，周星驰扮演的主角是以模仿李小龙的形象出场的。而主角破茧重生是在“万佛古庙”里，制胜的一招用的是如来神掌，而使出这一招时，天空中出现了佛祖庄严的佛容。最后，主角还将对手杀人的暗器化作一朵飘飞的佛莲。

其实这些内容可以说周星驰遵守了诺言，也可以说他讨巧将诺言打了折扣。但丁珮看完之后却只说了一句：“见自己，见天地，见众生。”

无独有偶，这满含佛理的话在电影《一代宗师》里也作为台词出现过，说的是功夫的三重境界。但那天丁珮说这话绝对不是指武功而言，而是说的做人，做人要能面对自己，面对天地，面对众生。

其实如果大家注意的话可以发现，周星驰后来拍的几部电影的名字其实都有着一些玄机。《少林足球》《功夫》很明显是与功夫有关系，《长江7号》中偏偏用“长江”为名，还有《西游·降魔篇》，这都是与龙有关系的。而《少林足球》《西游·降魔篇》又是与佛有着关系的。

周星驰成为了国际级的导演、明星，票房挣得个沟满壕平。但是李小龙的那条裤子他一直都没有还，应该是他心中很不舍得还了。

但这条裤子丁珮也一直没有去要，其实早在2003年7月的时候，她就已经默认这条裤子改借为送了。因为她觉得这裤子放在周星驰那里比放在自己这里有用，而她也确实希望李小龙的东西能够充分发挥出对实际有用的能量。

2003年李小龙逝世30周年时的纪念活动是最为隆重的一次纪念活动，参与的人数众多。许多地方特别举办了李小龙珍贵电影海报及图片展，而丁珮也出席了纪念李小龙逝世30周年展览会的开幕仪式。

在开幕仪式上丁珮提到自己还珍藏着李小龙的一些遗物，在适当的时候可以捐献给纪念李小龙的机构或博物馆。这些遗物有截拳道的徽章，还有三条裤子。说到这里她忽然想起了什么，马上改口说是两条裤子。

也就是从这一天起，再要提起周星驰手中的那条李小龙的裤子，丁珮都会极为简短地说一句：“算了，送他了。”

1994年，台湾台中埔里灵严山住持妙莲老和尚到港，丁珮与女儿一起参访。

丁珮与向华强的女儿向詠恒。

第七部　善女再御龙

- 女儿大难不死
- 世间所有的相遇，都是久别重逢
- 佛度世间人
- 御龙而舞

女儿大难不死

对周星驰的支持也许是借助了李小龙的力量，但是对女儿向詠恒的佑护丁珮却一直坚定地认为完全是倚靠了自己的力量。

2004清明节的下午，向詠恒的男友打电话过来，说他舅舅买了一辆新款宝马，并且同意下午和他换着开，他想带向詠恒开着新宝马去飙车。

“太好了，我正在家里觉得无聊想出去转转呢，你来接我吧。”向詠恒马上就答应了。

“你要出去干什么？这日子还是尽量不要出去。”丁珮这一天诵经时总不能静下心神来，感觉五心烦躁，身体不时会有惊颤反应。所以听向詠恒说要出去，她赶紧加以阻止。

“飙车，新宝马，肯定刺激。”向詠恒非常喜欢极速迸发出的激情。

当听说女儿和男友是要换开一辆新车去飙车时，丁珮的心猛地晃荡了一下，胸口一阵发虚发慌的感觉。她知道女儿的男友喜欢开快车，所以每次女儿和他出去丁珮总有些担心。而今天的担心更加强烈些，因为这天是清明节，而且向詠恒的男友又是换了别人的一辆汽车去飙车。但是丁珮知道自己的这些理由要想阻止向詠恒还不够有力。

这时向詠恒已经正在门口换鞋了，丁珮看着女儿的俗身相总觉得有什么不协调、不舒服的地方，最后落在了向詠恒的那双鞋子上，这是一双让丁珮看着很不顺眼的鞋子。

“不要穿这双鞋，你换一双吧。”丁珮对向詠恒说。

“这鞋挺好的呀，我喜欢穿这鞋。”向詠恒不但长得像丁珮年轻时一样美艳，而且在我行我素的性格特点上也是遗传了她的基因。

“听我的，我看你穿了这鞋子后感觉很不舒服，还是换一双吧。”

“出去飙车又不是走路、跑步，换什么鞋子呀。不换了，太麻烦。”向詠恒说完开门就往外走，她是怕丁珮继续和她唠叨。

“等等。”丁珮跑到门口，拉住向詠恒，“你把我这佛像戴上。”说着话丁珮将自己脖子上一直戴着的佛像吊坠摘下来，挂在了向詠恒的脖子上。

向詠恒没有再拒绝妈妈的好意，戴着佛像出去了。

当向詠恒和他男朋友开的车子在路面上发生保龄球式的翻滚时，当时看到的所有人都认为车子里的人肯定没有生还可能了。而向詠恒男友的妈妈在电视里看到那辆已经完全认不出外形，只能认出车牌的宝马车时，当场就晕过去了。

向詠恒的爸爸向华强第二天在报纸上看到那辆破烂不堪的宝马车时，形容那车子就像梅菜干一样，还说车里的人肯定没命了。而那时候他还不知道自己的女儿就是从这破烂不堪的车子里拉出来的。

救援人员和医务人员到了现场，破解开那辆不成样子的宝马车，将里面的两个人拖了出来。这时候在场的人都觉得自己看到了奇迹，里面被拖出的两个人竟然都没有大的损伤。随即两人被医护人员带到医院进行了一番全面的检查，也没有发现身体内部受到损伤。在对外部伤口做了些简单处置之后，他们两个人就可以自行离开医院回家了。

丁珮后来很多次地说起此事，她说如果当时向詠恒听她的话换了鞋子，那就不会发生车祸了。有人觉得她这说法太神乎其神，但是细想一下又不无道理。如果向詠恒真的换了双鞋，耽搁了哪怕几十秒的时间，那么他们接下来遭遇的所有一切都会发生改变。因为晚了几十秒，他们就遇不上那辆需要躲避的货车了，也就不会因为急刹、急打方向而发生侧翻了。

至于向詠恒为什么会在已经发生了的车祸中安然无恙，丁珮的说法则真的有些神乎其神。她说她给女儿的那个佛像其实是含有她身上能量的，而她从小就是“烧不死，淹不死”的，所以能保护向詠恒和她男友遇到险难却依然无损。

对于这种说法所有的人都觉得像是在讲神话故事，但丁珮并不强求别人相信。她觉得信与不信只是一念之间，而这世上人与人的区别也就是在这一念之间。

不过几年后丁珮自己遇到的那个车祸倒是再次印证了游方道士给她推出的算论太过精准，同时也让她之前所说用自己能量护佑向詠恒的说法更增加了一些可信度和神秘感。

2007年6月14日中午，丁珮驾驶着英文名字“TING PEI”作自订车牌的金色美洲虎跑车，沿青衣北岸公路向大屿山方向行驶，途至青马大桥观景台对面一个左弯，跑车突然间两个车轮同时爆胎，车子顿时改变方向，后尾飘移，车头旋转，整个车子在马路中间打起圈来。

这刻丁珮完全处于一种失重的状态，意识虽然清醒，但身体却被旋转产生的巨大离心力压迫得根本动不了。眼睛可以看到车窗外的景物在快速地变化、转换，那情形就像舞蹈时自己的旋转。只是没有音乐，只有耳鸣；没有快乐，只有绝望。

跑车最终失控冲上左边行人路，车头撞向花槽。当时公路上有很多疾驰的车辆，但很幸运的是她的车子失控后在飘移旋转过程中竟然没有碰上任何一辆车子，否则的话这辆美洲虎跑车不知道会飞到什么地方去了。

丁珮是自己从车里出来的，她没有丝毫的损伤。而那辆车子除了两只轮胎爆掉之外，就是车头一侧的外壳有些破损。

但是后来将车子拖到车行检查发现，其实车子的钢架、大梁都发生了严重的扭曲和损坏，由此可见当时车祸的严重程度。而两个车胎同时爆胎的情况是极少发生的，车行的技师认为很大可能是人为整蛊，否则的话几率真的太小太小了。

人为整蛊，换一种说法就是有人故意害她，但是丁珮想来想去都觉得不应该有人会害她。现在她只是一个整天念经、一心向佛的人，跑到哪里心中都是暗暗为人祈福消业障，怎么可能有人要害自己呢。而李小龙的事情也已经过去了这么多年，有影响的也早就没影响了，该过去的也早就过去了，现在再要害自己完全没有实质性的必要。

所以丁珮最终还是认为这只是一个奇怪的巧合，巧合中的巧合。而她天生就是一个会遇到最最不可能事情的人，过去遇到的那些惊险和磨难哪个都是不可思议的事情，所以这个意外对她来说也只是又一次还算“正常”的经历。

世间所有的相遇，都是久别重逢

其实这次车祸除了可以说是一次巧合中的巧合外，还可以说是老天给的一个预兆。但这预兆不是给她的，而是给她一个朋友、一个兄弟的。那一天，丁珮驱车急行就是去为这个朋友办转医院的事宜。

就在那次车祸发生前的某一天，丁珮忽然接到一个从柬埔寨打来的电话，电话那边是个陌生女人。

“我是陈启礼的太太陈怡帆，陈启礼跟我说过，到香港有什么事情的话可以找你帮忙。”电话那边的女人不等丁珮询问就主动自报了家门。

“啊！是大……是陈怡帆呀，你好你好！”一提到是陈启礼的太太，丁珮便很下意识地想叫大嫂。但是突然间想到陈怡帆已经是陈启礼的第三任太太，才三十岁的样子，比自己小许多，于是马上改口直接叫她名字。

“陈启礼最近好吗？”丁珮很礼貌、很热情地与陈怡帆问候之后，便赶紧询问陈启礼的情况。因为刚才一说陈启礼到香港有事情找她帮忙，她的心中就猛然一紧。

虽然丁珮离开台湾时他们两个有过约定，在需要帮助时可以随时去找对方。但是这么多年来，丁珮经历过无数磨难却都没有去找过一次陈启礼。陈启礼这么多年也历尽了艰辛，同样是从没有找过丁珮帮忙。但是现在陈启礼那边打来了电话，而且是他的太太打来的，丁珮顿时感觉不是一般的事情。陈启礼是个很刚强的人，轻易不求人，所以有些事情他为了面子是不会打电话找自己的。现在他让老婆打来了电话，这说明他仍然是要强、要面子的，但他也真的是到了一个极度艰难的境地。

“不好，他现在很不好。”电话那头的声音有些悲戚，“他现在得了胰脏癌，这次打电话找你帮忙就是为了这件事情。我们准备到香港来进行治疗，因为你们那里的医疗水平和条件都比柬埔寨要好很多。但是我们对香港的医院和医生并不熟悉，不知道你能否帮我们联系一下。”

“当然可以，我和陈启礼是兄弟，这种事情找我就对了嘛。我现在就去帮你们联系最好的医院和医生，你们尽快赶过来就是了。”丁珮对待兄弟还是那种爽快的性格。

陈启礼很快从柬埔寨包SOS救护飞机赶到香港，但是不知道为什么他却没有住进丁珮给他预定好的法国医院，而是被其他什么人安排到了仁安医院。仁安医院替陈启礼再次进行了检查确诊，然后医院方面给出了两个治疗建议，一个是立刻进行手术治疗，还有一个是采取药物保守治疗。

对这两个治疗建议陈启礼和他家里的人很是犹豫不决。

而这次陪他前来治疗的不单有他的家人，还有竹联帮里一些担任重要职务的兄弟。当知道医院给的两个治疗建议后，竹联帮的兄弟就一直极力地劝说陈启礼进行手术，这是因为手术治愈的可能性更高一些。他们坚持手术的目的其实很简单，此时陈启礼虽然已经不管理竹联帮具体事务，但他依旧是竹联帮的精神领袖。只要他在一天，竹联帮就能稳定团结。

丁珮并不清楚陈启礼具体什么时候到香港，等她知道陈启礼已经到了香港并住进了仁安医院后，立刻匆忙赶往了医院。

丁珮赶到医院后直奔陈启礼的病房，还没迈进病房门就听到里面有人在劝陈启礼做手术。

“不要做手术，千万不要做手术！”丁珮进门就嚷嚷道。

陈启礼看着丁珮笑了，她还是和记忆中一样无法无天、率真直爽，还是和记忆中一样娇媚艳丽，只是已经由绚丽的朝阳变成了浓烈的晚霞。

丁珮看着陈启礼也笑了，意气风发的少年已经成了个慈祥睿智的老者，但是隐隐间还能看出他昔日的强势和霸气。

两个人几十年未见，却没有丝毫的客套和感慨，依旧像几十年前那么随意，没有一点拘束。感觉就好像这么多年从未远离过一样，又好像是时光突然倒退，他们仍然是在那个刀光血影、挥拳咆哮的竹林街上。

“你说不要做手术？”陈启礼说话的样子比当年显得更加儒雅、沉稳。

“对！不要做手术。你已经英雄了一辈子，就算往生，也应该像英雄一样往生。”丁珮说得很豪气。

“动手术就不英雄了吗？”陈启礼依旧沉稳地问道。

“动了手术，那么你就要浑身插满管子躺在那里。想动动不了，想喊喊不出。任凭别人摆布，完全就是一副挨命的样子，身上哪还有什么英雄气概。”

“唐……啊不，丁珮，你不要乱说话。陈大哥在我们全帮兄弟的心目中，永远都是英雄、是领袖。我们都希望他能做手术，然后更加长寿，领导我们更长的时间。”竹联帮的兄弟在旁边阻拦丁珮说话，他们怕丁珮的话会影响陈启礼做手术的决心。

“你这说法不对的，陈大哥现在虽然生病了，但还是龙昂虎傲的样子，兄弟们当然会将他当作英雄、领袖。而一旦看到他一副无用瘫软、不能自理的样子，那么他在兄弟们心目中的形象一下就被破坏了，你明白吧？”

其实在场的竹联帮兄弟都知道丁珮说的话很有道理，但是他们也确实希望陈启礼能够彻底好起来，再与兄弟们并肩战斗。

“如果是你你也会像英雄一样往生吗？”陈启礼微笑着问丁珮。

“我不是英雄，但我是女人。所以我以最美丽的样子往生，绝不让别人看到我丑陋无用的样子。”丁珮很坚定地回答。

“呵呵，你的意思我明白了。这么多年我以为你变了，其实你还是那样。”陈启礼更加确信自己面前的丁珮还是四十年前的唐美丽。

“这么多年其实我们都变了，但是有些东西我们永远都不应该让它变。”

“对，这说法我赞成。就好比我们的兄弟感情和朋友友谊就应该永远不变！”陈启礼沉稳中显出些激动。

丁珮的话让陈启礼放弃了手术治疗的建议，选择药物保守治疗。而丁珮也马上替陈启礼转院至法国医院，并且另外帮他找到一个优秀的中医，辅助西医治疗。

陈启礼在香港治疗期间，丁珮每天都替他诵经祈福。而这时的陈启礼也已经皈依佛教，所以与丁珮有很多的共同语言。

在香港治疗这段时间里，因为有丁珮每天去给他诵经祈福，然后又陪他聊过往、聊佛法，所以陈启礼的心情一直不错。再加上在中西医相结合的治疗调理下，他的病情得到了控制，疼痛的发作变少了，疼痛的程度也变轻了，而且可以自己下地去上厕所了。

给陈启礼主治的法国医生见情况有所好转，于是建议他增加营养，吃些热量高的食物来增加体力，对抗病痛。但是这法国医生没有给予太细的规定，所以陈启礼吃东西时也就没有太注意细节。在吃了一些过于油腻的东西之后他的病情再度恶化，最终抢救无效于10月4日去世。陈启礼去世之后，丁珮一直为其念诵超度的经文。

10月18日，陈启礼家人包华航班机将陈启礼遗体运回台湾。丁珮随机同行，从香港开始，一路念诵经文到台湾。四十年前她离开台湾时陈启礼送过她，而四十年后变成了她来送陈启礼。但这一次的相送是永远的，所以她要将自己心目中的英雄一直送回台湾，所以她要以自己的虔诚将兄弟一直送进天堂。

11月9日，陈启礼出殡。来的名人、明星无数，各大国际帮派组织也都派代表参加。在这个被称作世纪葬礼的出殡仪式上，最后为陈启礼盖棺的是他的家人和最好的兄弟丁珮。

但是从陈启礼在香港去世直到在台湾出殡，丁珮都没有流过一滴眼泪。不是因为相互离开太久已经没有了义气和感情，也不是因为年纪已大看得太多、经历太多不再难过，而是因为参悟佛法的同时她也参透了人生，与其哭哭啼啼让逝者不安，不如念诵佛经让他无牵无挂去往极乐。

陈启礼去世给丁珮的触动很大，她忽然间发现自己这一代人在经过无数次磨难和无数次挣脱后已经悄然老去，现在一个个都已经距离死亡如此之近。人生真的很短，短得就像名字里的一个笔画。而这一笔写完之后再没有下一笔，因为整个名字都已经写全了。

2008年年初的时候，丁珮又见到了另一个阔别许多年的朋友，当年和她一起闯美军军官俱乐部的女同学凯蒂。两个人见面之后拉着手，说着话，感慨万千，但他们却也没有流一滴眼泪。近五十年的分离能够再次相逢已然不易，何苦还要在这短暂的相逢中增加伤感呢。

“这一次要是见不到面，可能这辈子我们两个都没有机会再见面了。”凯蒂这句话说得有些沉重也有些释然。

但这句话狠狠地触动了丁珮的心，让她深有同感。就好比陈启礼吧，如果不是他到香港来看病，自己这辈子真就可能没有机会再与他见面了。再回想李小龙，只不过一道房门的进出就已经人隔两世，而留下的却是很多没有做完的事，没有说清楚的话。其实还有好多人，当他们离开这个世界后，你才会发觉自己和他们其实还有很多事情没有了结，还有很多话没有说完。这世上不是每个人都可以像大悲佛堂的住持恒月老和尚一样，圆寂之前将要对谁说的话都一一交代了。

当丁珮再次开车去往大屿山经过自己发生车祸的地点时，她忽然隐隐觉得这地方好像就是李小龙最后一次驾车带着自己出来遥望大屿山的地方。虽然周围环境变化太大，很多曾经可辨认的标志都已经踪迹全无，但她的感觉却是不会消失的，而且她也相信自己的感觉是准确的。

发现到这一点后，丁珮变得茫然了。她不知道那一次车祸真是因为一个最最不可能的巧合造成的，还是佛祖在冥冥之中给她的一个提示。这提示不是针对任何人的，而是针对她自己的。是在提示自己有些事情应该及时了结，不要等到像在旋转的车子里那样，想动动不了，想喊喊不出了，才发现很多该做的事情还没来得及做。

这么多年来，有无数人、无数次对自己提起过李小龙，都想知道李小龙死亡的真相。李小龙死后，自己一直处于各种压力之中，后来还遭遇危险迫害，导致精神失常、记忆损坏，有好多事情即便想说也不一定说得清楚。但是现在自己通过念诵佛经恢复了记忆，好多过去忘记的细节重新出现在了自己的脑海里。看来现在应该是个最合适的时间，自己真的应该将这事情做个了结，至少是给世人一个说明。

有了这种想法之后，丁珮在2008年5月开始回忆整理关于李小龙之死的资料。

许多媒体和个人都曾经向她询问过李小龙之死的真相，而且强调是要真相，但是丁珮自己到今天也确实不知道什么才是真相。她掌握的只有那一晚事情发生的过程和现象，还有与李小龙之死可能有关的许多细节。但这些加在一起她依旧不知道算不算真相，能不能从中找出真相。

丁珮整理的资料是从李小龙自身开始的。李小龙的功夫是走的刚阳一道，以攻击为上，阳势刚猛而阴势不足，这其实是一种阴阳不平衡的状态，和传统武学、养生学强调的阴阳调和有着很大分歧。

而李小龙的练功方式也很是极端，过度的强化训练，求速成。利用电击训练肌肉密度和承受能力，这些都是违背身体机能的自然性的。而且后来他又切除汗腺，使得身体机构的整体状态出现缺失。

李小龙从小就与人挑战，讲手，后来在美国又挑战各国各技法的格斗高手，再后来又不断接受其他高手的挑战，在这过程中肯定会有身体的损伤。而有些伤害是隐伏性的，可能要到很多年之后在某种特定的状况下才会爆发。

其实李小龙在去世的前期已经出现了一些异常状态。她在和李小龙交往的日子里他经常会说自己很累。训练中身体有各种不适反应，很多极端的强化训练也开始变得难以承受。在拍摄《龙争虎斗》期间还曾出现过突然昏厥。

因为昏厥李小龙曾在美国的医院检查身体，之后他对外宣称完全没有问题，身体已经恢复至18岁的状态。而后来据给他检查的美国医生透露，当时的检查结果是他的心脏已经出现问题，而且脑部有肌瘤。而他对外宣称的消息反而形成了一种误导，让人们都觉得他是世界上最健康的男人，从而忽略了对他身体反应的关心和注意，对已经存在的实际病症也缺失了防范和治疗。

至于李小龙出事那天的过程并不像很多人想象的那样，也不是像电影《我与李小龙》电影里拍摄的那样。李小龙是个习武之人，他在酒色方面是很有节制的。一切过程真的很平静，丁珮当时是处于一种被电视完全吸引住的状态，或者是因为节目或其他什么原因走神了，陷入了某种遐思。

但是那天李小龙说头痛之后她的确是给他服药了，不是阿司匹林，更不是春药，而是止痛药EQUAGESIC。这是一种比阿司匹林药效要强烈很多的处方药。就像丁珮私人医生朱博怀说的那样，这种药普通人服一片并无大碍，但是对有敏感反应的人来说，这种药片有可能产生不良作用。

在整理这份资料期间，丁珮专门请教了一些医学专家。现在的医学已经比几十年前发达了很多，所以对EQUAGESIC的临床分析更加准确。当时在没有医生检查确诊的状况下给他服用这种止痛药可以促进血管扩张，加快血流速度。如果李小龙的头疼确实是由于后来解剖后发现的脑水肿引起的话，那么服用EQUAGESIC是会加重水肿的。但是后来对李小龙死因的分析中脑水肿也只是一个现象，并非可确认的最终死因。

但不管这药到底会起什么作用，自己当时给他吃是出于好意，不存在要害死李小龙的说法。而实际上所有人都明白一个道理，在这世界上绝不会有人会害死自己最爱的人的。

还有就是当时的经验不足，处置不够准确也不够及时，某些人考虑的方面和顾忌的事情太多。而在当时采用的叫醒方法也不完全正确，如果李小龙确实是脑部的病症，那么类似掴脸叫醒的方法有可能会加重病症。

还有，在当时的状况下，她其实都是处于不能做主的角色。当时她只是一个26岁的女孩子，对于这种突发的事情，就算让她做主她也不敢。

整理的这些资料都是现象，但在一定程度上现象就是真相。结合种种实际存在的现象和一些偶然出现的现象，最终其实是可以找到一种必然性的，而这必然性应该是对李小龙死亡原因的最好解释。

后来有些研究者通过一些现象判定李小龙其实是死于癫痫症猝死，这也算是一家说法。丁珮说自己不是医学研究者，对此正确与否不予评判。

至于有人说那天傍晚时听到李小龙在她房间里发出很痛苦的高声喊叫，这说法应该是哗众取宠。因为傍晚时邹文怀还没走，三个人还在讨论剧本。还有后来有人也做了下试验，如果是在丁珮房间里发出高声喊叫的话，那么是会惊动楼上楼下很多人的。

丁珮整理了这些资料之后一直都没有对外公布，她知道公布之后又会引来很多质问和喧扰。现在的她不愿自己的生活再有大的风波，人生不多的时光应该用来做更多对人对己有益的事情。之所以留下这些资料是为了不留下遗憾，然后在合适的时候或者自己已经不在的时候给世人一个说明，以求心安。

李小龙的这件事情完成之后，丁珮觉得自己在俗世间的所有过往都有了一个终结。圣严法师曾经说她“俗体不脱十二因缘……虽然最终还是会从佛法之中参悟回归原相，但世间因缘却不能就此了了”。但是现在丁珮觉得自己世间的因缘已经全都了清，从此可以一心向佛念经，不再过问世间俗事。

但是这种想法没有持续多久就再次发生了变化，这主要是因为她遇到了两个人，从而带给了她不一般的感受。

2008年5月，丁珮去台湾办事，回程时朋友送给她一尊石雕的三世佛佛像。这是泰国佛像，但是丁珮却不在意，只要是佛像她都喜欢。那时她家里的佛堂已经差不多摆满了各种佛像，她认为多敬供一尊佛像就能多积一份功德。

丁珮每次请佛像回家都是随身带着走的，绝不托运。这一方面是出于对佛像的尊重和虔诚，再一个也是怕托运过程中发生损坏佛像的事情，那会让她觉得是自己犯下的罪过。

三世佛虽然不是很大，但由于是石雕所以颇为沉重。登机的道口挺长的，丁珮拉着行李箱走到检票处时额头已经渗出了大片汗水。而接下来从检票处到飞机上的这段距离更加难走，有坡度有阶梯，好几处连行李箱都不能拉着走，需要自己提着。

“箱子很重吗？我来帮你。”就在这时，旁边走过一位乘坐同一架飞机的男子，他看出丁珮的随身物品很沉重，于是非常绅士地主动帮忙。“我也是去香港的，也是乘坐这次航班。”那男子似乎怕丁珮不放心自己，于是主动告知自己也是这趟航班的乘客。

那男子也颇费了下力气才替丁珮将行李拉上了飞机，而很凑巧的是在飞机上丁珮又和这男子是邻座。于是在丁珮的指挥下，男子又将装有佛像的行李箱按佛像坐相稳妥地放入了行李架中。而在这一段不算长的飞行过程中，他还替丁珮要水，要腰枕，照顾得非常周到。

“你不用担心，下飞机后我会将你的行李箱送到出港口。”男子的话让丁珮在飞机上休息得很安心。

果然，飞机到达香港后，男子将丁珮的行李箱拿下飞机，然后一直将丁珮送到航站出口，等到将丁珮和行李箱交给来接站的向詠恒后才放心离开。

“妈妈，你认识这个人吗？”向詠恒问丁珮。

“不认识呀，不过这是个好人，一路上很照顾我，菩萨会保佑他的。”

“你真不认识？那是周华健呀。”

“周华健！是吗？”丁珮这时才觉得好像是的。

这件事情让丁珮很有感触。周华健是个当红的明星，但是在某种环境中他的表现则是个热心的人、善良的人。自己没有将他认出，他应该更不会认识自己。在没有任何附加条件的状况下，他依旧很热情主动地帮助一位女士、一位长者，这说明他的内心深处天生就拥有着佛性和慈悲。

丁珮只是偶遇到了周华健，偶然感受到了周华健很自然的善心善行。但是不久之后遇到的另一个人却怎么都算不得偶遇，而这人的善心善行港人皆知，甚至可以说华人皆知，他就是六叔邵逸夫。

2011年6月的一天，丁珮晚上独自在半岛酒店用餐，点餐后等待的过程中总感觉旁边桌子上有几个人在朝自己笑，于是回头去细看，原来是邵逸夫和他的家人也在这里用餐。

其实丁珮第二次离开邵氏公司后就和邵逸夫没见过几次面，所以他们这次的相遇还是非常难得的。

丁珮见到邵逸夫时心中其实是有些尴尬的，她不知道自己该过去招呼一下还是装作没看见，细想想这两种做法其实都会让自己感觉不是太舒服的。

之所以会这样纠结，是因为丁珮与邵逸夫之间的关系还是比较复杂、微妙的。她最初到香港是投在邵氏公司旗下，六叔对自己很是看重和信任，算是有知遇之恩。但是自己受排挤后第一次离开邵氏时，邵逸夫并没有出面说句公道话，也丝毫未曾挽留，很明显这是根本没将她当回事。后来丁珮因李小龙的事情而被人陷害，又是邵逸夫帮助她利用电影进行了反击。而第二次加盟邵氏公司之后，发生了亚洲影展最佳女配角的事件，其中隐情很是蹊跷，这件事情又似乎是邵氏亏欠了丁珮。

就在丁珮犹豫不决的时候，邵逸夫主动笑着朝她招手。这下子丁珮再不能坐着不动了，不管怎么说，对于一个已经一百零四岁的老人最起码的尊重还是要有的。

邵逸夫见到丁珮后很是高兴，那样子完全就是见到一个已经阔别许久的好朋友。从这点来看他要么是胸怀坦荡，要么就是完全忘记了过去的一些事情。

“六叔，今天好心情呀。现在难得见你出来吃饭的。”丁珮在邵逸夫旁边的椅子上坐下。

“对的，今天有点特殊。刚刚参加了一个慈善捐赠会，结束晚了些。大家都觉得饿了，所以就近到这里来吃点。”邵逸夫虽然已经很是老态，但在思维、说话上都依旧十分清晰准确。

“啊！又是慈善捐赠会。六叔这次捐了多少？”丁珮真的感到惊讶和好奇，她没想到一个已经一百零四岁的老人还如此热衷于慈善活动，更没想到已经卸任董事主席的他依旧会亲临每一次的慈善会现场，而且之前刚刚还听说他身体出现了些问题。

邵逸夫笑着举起两根手指：“两千。”

“两千万！”丁珮知道邵逸夫说的捐赠数字通常背后需要加个万字。这个老人真的是个挺奇怪的人，从年轻时做慈善就是一掷千金眼睛都不眨一下。所有在大陆的各种捐赠加起来已经有数十亿港元，单汶川地震时他一笔就捐出了一亿港元，是个人捐赠最高的。但是他这人挣钱时却是锱铢必争，和手下职员也是斤斤计较。

“六叔呀，当初我们在你那里干活挣钱时，你可没这么慷慨啊。”丁珮开玩笑地说。

“都替你们捐了，积德。”邵逸夫笑得很得意，就像个孩子。

这一次相遇丁珮没有震撼也没有感动，因为她早就知道邵逸夫是什么样的人，他做这些大慈悲的事情都极为正常。所以丁珮只是在心中默念佛经，她希望这种由内心念出的佛经可以有种神奇力量，替邵逸夫消除业障、祈福长寿。

虽然只见到周华健的一次善行，但可以看出那是一种素质、一种习惯，为善者能做到这样应该算得上是大善。而像邵逸夫那样一辈子的善举，则是一种德行、一种天良，为善者做到这层次应该算得上至善。

但是这两人都不是修佛之人，由此可见为善者并不一定要出家修佛，修佛者不一定要撇开世间一切。时时都是修行课，处处都是修行场。佛度世间人，这佛不止是佛经、佛理和佛家禅意，而应该是藏于每个人心中的佛性和慈悲。

丁珮又一次想到自己小时候在干爹家偷钱、偷肉的事情，有些快乐是别人宽容和理解给予的，所以要懂得感恩、报恩。而现在自己修佛之举也一样得到很多人给予的宽容和理解，那么为何不将自己修佛获取的悟道、能力施惠于众生作为回报呢?

从这时候起，丁珮的思想出现了一次回归，行动也出现了一次回归。她不再独自躲在佛堂中自修佛法，而是在修佛的同时开始涉入各种公益的社会活动和慈善活动。她要利用自己的社会关系和李小龙的影响力为社会、为世人做一些实际的事情，她要以自己的努力和付出为后人留下更多物质的和精神的东西。这其实是又一种修佛的状态，是又一种弘法的途径，而这种状态和途径可能是最最适合她的，因为圣严法师曾经对她说过："……然后修行研佛同时还需受十二因缘之苦，行慈悲事，为众生求。所以你是个在家菩萨。"

这次回归之后，丁珮就仿佛成为了佛家与俗世众生之间沟通的桥梁。她所做的一切不止是要让众生更加信奉佛祖，同时还让佛家僧人以各种方式施惠于众生，这些方式包括社区服务、祈福求吉、慈善会捐赠等等。而在做这些事情的过程中，她也更加理解了佛法与众生的关系，知道了如何用一颗佛心去引导世人、影响世人。

“以无法为有法，以无限为有限。”到这个时候丁珮开始重新理解了这句话：“从没有法度的茫然到遵循佛法的指引，将无限的佛法思想融入有限的生命。”这是一种以佛法引导世人、规范世人、舍身入法的大境界。如果单从这句话来看，李小龙当初在美国学习的不像是哲学，而更像是佛学。

佛度世间人

2008年过春节时，丁珮在女儿的陪同下去了台湾。正月初一这一天星云大师是不见外人的。但是听说丁珮来了，他立刻让弟子开正门给引领进去。

见到丁珮后，星云大师又让弟子赶紧去煮汤圆：“过年嘛，你来给我拜年，我怎么都要陪你吃两个汤圆的。”而其实这时候的星云大师已经患有糖尿病，不能吃甜食。但他却不顾弟子劝阻，仍是坚持陪丁珮吃了两个汤圆。

“你们千万不要忘了我们在香港的‘开国元老’丁珮，她是个在家的菩萨，她还是个护法的金刚。”

那一天星云大师不止一次对他的弟子们说到这话。而丁珮也注意到了，星云大师始终是说的“开国元老”，而并非开山、开宗，由此可见自己修法的根本还是要在家、在凡世间。另外星云大师还说了一句她是护法的金刚，对于这一点丁珮有些茫然，不知是从何说起的。直到几年后她在大屿山与别人进行了一场辩法之后，她才再次信服了星云大师的预见。

宝莲禅寺最初名为大茅蓬。1906年，大悦、顿修及悦明三位法师由江苏省来到大屿山搭大茅蓬建立道场。多年之后这大茅蓬逐渐发展为集佛教文化、园林景观、雕塑艺术于一体的佛教圣地宝莲寺。

在宝莲禅寺释迦牟尼佛舍利旁边有丁珮常年供奉的两朵水晶花、一串沉香念珠和一盆蝴蝶兰，而她可以随时前往大屿山到释迦牟尼舍利前念诵经文。由此可见丁珮在寺中的特殊地位。

2011年年底的一天，丁珮再次前往大屿山参佛念经。经过上下大屿山的缆车道口时，发现有一间休息室里聚满了人，而且里面有人在慷慨激昂地说着话，所说内容似乎是和佛学、修行有关。

丁珮在门口往里看了看，发现休息室里面坐着的大部分是僧人，只有两个样子很有学问的男子是俗家人。这两个人坐的位置相对独立，俨然是与众僧人对抗的一种状态，而正在慷慨而言的就是两人中的一个。

丁珮轻声问靠近门口的一个僧人发生了什么事情。原来这些僧人是大陆过来的一个僧侣参访团，而那两个男人中年纪大点的是来自河南某大学专门研究宗教派别的吴教授，他发表的好多文章都是对各宗教教派进行综合性的对比，评判教义思想的优劣，很具权威性。年轻的一个姓田，来自广东，是一位游记作家。他的游记作品很有针对性，都是沿历史上高僧求法历程所经过的地方写的，所以对佛家的僧情凡事知道得很多。他们在这里休息喝茶时就一些佛学现象和见解进行交流和讨论，但是却因为分歧太大导致言语冲突，而且越来越激烈。

“你们刚才所说佛家是以善心善性度世人，诵经为人祈福消灾，那么能否为我念诵一段经文，只要让我此时感觉出一丝丝的异样就可以。

“以念力为人消业障。我想请教下，一个女性如果患有身体私密位置的疾病，你们是否也将心念专注于她的疾病点，为她消除病症。

“还有，我已经研究过十几位知名僧侣求法的辗转过程，其实可以看出来，他们最初出家学法的目的都并非为佛法感召，而是为了自己的避世和求生存。他们最终获取到的成就地位也并非是对众生和佛家有什么杰出贡献，而是因为有很多的经历而被一些人渲染成为一个代表、一种标志，从而获取到高层次的地位。”

那个姓田的游记作家连续发出三问。丁珮熟悉这种方法，这就像陈启礼当初揍别人耳光一样，让对手在始终抬不起头的状态下彻底失去对抗的信心。而且这个游记作家还很卑劣，他在提问中故意触及佛家忌讳的内容。比如说第二问里关于女人身体私密位置的问题，这种问题回答不合适，不回答也不合适。还有关于高僧们最初求法的目的，一旦回答就正中他的圈套，承认则可以被他发挥为那些高僧是在诓骗世人，否认又会被他直指出家人违背佛家教义在打诳语。

所以休息室里的一众僧人面对三个问题或无言以对，或有言不能应对，场面对他们来说极为尴尬，也极其委曲。作为出家向佛苦心修行的人来说，他们确实应该忍着，而且此时忍着或许是最好的应对方法。但是有人在直接诋毁自己全身心投入的信仰和心灵归宿，就算他们是个真佛也不免会冒出些三昧火来。问题是眼前的情形即便冒火也于事无补。

就在这时候，听清了连续三个问题的丁珮迈着优雅的步子走到那两人所坐位置的近前。她的双眼在两人脸上扫视了个来回，目光如仙湖般缥缈，没人能从其中看出她内心在想什么。

“这位是吴教授吧？你就算坐在这儿不作声也都可以看出是有大学问的人，那种儒雅、自信、笃定的气质，只有博古通今、满腹经纶的大家才会有。完全不像这位田作家，言语下作，故弄玄虚，话里下套，就像个人人躲而远之的地痞无赖，又像个道德败坏的无良讼师。”

丁珮这话一说，那吴教授禁不住满脸笑意，一副遇到了知音般的神情。而田作家则脸色铁青，指着丁珮怒声喝问：“你、你是谁呀？怎么可以随便骂人的？”

“等等，先别激动。现在我就给你道歉，收回刚才的话。我知道，田作家被骂之后的感觉很不舒服。不过吴教授听我夸赞了两句心里却很美。刚才田作家说了，念诵一段经文让你感觉不一样。现在你应该体会到不一样的感觉了吧？被夸赞的心中惬意，被咒骂的心中恼怒。”丁珮微笑着说道。

“你有没有搞清楚？我刚才说的是念诵经文。你这可不是经文，而是骂人！是羞辱！”

"怎么说呢，其实骂人即是诵经，诵经即是骂人。一声断喝、一声怒骂，可让人顿时醒悟。你的父母、老师可能是骂你最多的人，但他们是要羞辱你吗？不是，他们肯定是出于为了你好的目的。我骂你也是一样，是让你不要太露锋芒、亵渎佛祖。所以骂人在有些时候有些场合就是俗家的经文，便如同是佛家的狮子吼一般。但佛家不到万不得已时不用狮子吼，而是用善心善行让人们心中快乐、愉悦，让有病有灾的人知道还有人在关心他。这其实和心理治疗的道理很接近，所以也有人说修习佛法就是在修心。"

田作家不说话了，他可能是一时间无法将丁珮话里的意思完全理解。自己被骂了，怎么还变成了是为自己好。而念诵佛经三言两语之下怎么与心理治疗扯上了关系。

"还有你提到女性身体的私密部位，我想说你亵渎了，而且不止亵渎了佛祖还亵渎了母亲。你就是从某个女人的私密部位中来的，然后是另一个私密的部位哺育了你，这个对于在家人、出家人都是一样。在我觉得，女人那些隐秘的部位其实是神圣的地方，是孕育和哺育生命的地方。但你随口以这种部位患有疾病来说事情，这难道不是亵渎吗？再有我们佛家以念力助人，是心与心的交流，促其心力然后痊愈全身。而你将佛法之力想成了龌龊之事，这又是一个亵渎。所以我用狮子吼般的怒骂点醒你，还是有必要的。"

田作家这次很快就理解了，但也正因为理解了所以呆住了，不知道什么原因，突然间他自己也觉得自己确实很应该被骂。

"还有你说许多高僧求法之初的目的并非为佛感召，只是自己想隐世或求生存。这点说得没错，但你看到的只是表面、只是现象，其实隐世或求生存的俗相也是一种磨难、一种修行。世人都有佛性，修行不分在家、出家，修行之法也不分俗相、僧相，重要的还是心。世上很多人不出家，但他常常行慈悲事，长久下来，人们便会认为他就是佛。有些出家僧人始终为生计、生存这些俗事奔波，但是当他坚持住了，闯过来了，他也就悟道了，看透了，这时候人们也一样会认为他是佛。因此很多时候情理就是佛法，言行即为因果。知道毛竹吗？四年的时间只长了3厘米，但是第五年的时候它却一天长30厘米，短短六周长15米。这是因为前四年中它将根茎在土石里延伸了数百米，历尽了磨难、磨炼，最后才能直穿青云。其实根本不用渲染，也不需要高高拔起成为标志，那土下数百米的根茎就已经是传奇。我说的你明白吗？”

“你是丁珮！你是丁珮吧？”田作家突然意识到什么，“肯定是的，除了你没人能说出在家修行高过出家修习的逆修道理来。”

而那吴教授一听田作家说面前的是丁珮，也赶紧站了起来。

“不对不对，我从来没有说在家修行高过出家修习的逆修道理，不知道你是哪里听到的传言。我其实是在寻求这两种修习之间的关系，它们之间应该是互补、互助、衔接延续的关系。修行是从有到无、再从无到有的一种循环，这样才能圆满。循佛法而修，直至四大皆空，这只是对自己心性的一种锻炼，皆空之后才能专注地挖掘、激发内在的大慈悲、大能量。然后将大慈悲、大能量回归，尽自己的所能让众生无苦，多福，长寿，这才可以引导众生同样进入修行的循环。由一个圆满延生无数个圆满。”丁珮此时所说已经是远远超越“以无法为有法，以无限为有限”的境界了。

“你觉得佛法和功夫之间的关系是怎样的？”吴教授突然问了一句。

丁珮略微思索了下：“佛法是信仰、是思想、是追求的目标，而功夫是追寻佛法、弘扬佛法的一种方法、途径。比如说少林，这世上通过禅宗知道少林功夫的人很少，但通过少林功夫接触禅宗的人却是无数。你明白吗？”

“你说过修行不分在家、出家，又说功夫是追寻佛法的途径，那么你觉得李小龙的功夫哲学是佛法吗？李小龙他是不是佛？”吴教授的又一个问题可以说是直戳丁珮要害。

“他不是佛，但他是菩萨驾御的天龙。佛家说，以龙象之力，拯众生入极乐。他在的时候，不断地用功夫去战斗，用获取的胜利为世人树立一种精神和信念，然后还用电影给世人带来愉悦。现在虽然他不在了，但这世上还有他留下的后续力量。我会利用这个力量，我还希望更多的人利用这个力量，让他能够有助于世人、有助于弘法。你明白吗？这就是修行，不管是在家修行还是出家修行，都要利用一切可能将心中的佛性发挥到极致。”

有人在鼓掌，随即整个休息室里的人都跟着鼓起掌来，包括吴教授和田作家。

丁珮从最初接触佛法，带着对李小龙的情感修行，出现异相；然后因为放不下，便在师傅指点下修众生缘；后来试图放下十二因缘，开始研读《大般若经》；再后来看透一世转瞬，放下世间一切独处修心。但不久之后世间的慈悲、善良又将其引导回来，将在家修、出家修的思想和理念完全贯通。而现在，她要再次寻找、利用身边的一切力量，为世人消业障、觅福缘。看来真就如同圣严法师所说，她这一辈子必然是在修行研佛的同时还需受十二因缘之苦，行慈悲事，为众生求。

丁珮独特的修行思想和佛学理论很快被更多的世人所接受，在现在快节奏、高压力的生存模式下，在家修行、随时修行应该是个更加合适的求法方式。

御龙而舞

2013年7月，香港举行了李小龙逝世四十年的纪念活动。但是由于一些依旧不能理解丁珮的人加以阻拦，而丁珮也为了顾全大局，所以没有前去参加。而这一年的纪念活动却是意想不到的冷清、萧条。

过后丁珮去纪念活动的现场看了一下，心中非常凄冷也非常担忧。凄冷是因为人们已经开始淡忘李小龙，担忧是因为有人在错误地操作李小龙的影响力。如果这样下去，那么李小龙的形象在人们心中会很快消失，他留在世上的后续力量会完全被荒废。

这个时候丁珮心中暗暗决定，自己应该抓紧时间做些事情。这不是给世人的一个说明，而是给自己的一个交代。

2014年年初，丁珮向政府递交创办BETTY · BRUCE慈善公司的申请。BETTY·BRUCE是丁珮和李小龙英文名的组合，如果要翻译成中文的话可以读作“龙与珮”。在香港创建这样一个同性质的慈善公司，需要通过很多严格且繁琐的手续审批。但是出于对丁珮声望和口碑的信任，也是出于对李小龙的尊重，政府简化流程，特批了她的申请。

2014年2月，《鲁豫有约》的最新访谈“老友记”第一集便采访了丁珮。丁珮在访谈中讲述了自己，讲述了李小龙，讲述了自己和李小龙发生的故事。这个节目后来在优酷、土豆等视频网站头条推出，点击火爆。

2014年5月丁珮来到上海。此行她有三个目的：让人们更多地了解BETTY·BRUCE慈善公司，让人们更多地了解李小龙和他所代表的武学精神，让人们更多地了解自己和自己的佛学思想。

在兴国宾馆1110套房里，丁珮给媒体的人背诵了全篇的《普贤菩萨行愿品》。曾经被医生诊断失去记忆的她，一口气就将这七千多字的佛经背了出来，如同行云流水般流畅。而且她背诵经文的语调别具一格，绝无仅有，就犹如在朗诵，在说台词，有起伏，有缓急，有感情。

背诵完经文之后丁珮站起身来脱去外衣，里面是一件黑色练功背心。她先向大家展示了一下与李小龙很是相似的肌肉，然后弯腰使头部贴紧小腿，这是李小龙格斗前的经典热身动作。

“我从未练过，但是这些现象和能力就莫名其妙地出现在我身上了，这是李小龙将他的能量传给我了。你们的手臂如果用力甩一下就可能脱臼，而我可以这样……”丁珮边说边将手臂甩得就和双截棍一样。

这些展示让人难以相信自己面前的这个优雅的且不失美艳的女人已经67岁了，真就好像是李小龙的魂魄附在了她的身上。

“呵喝！”丁珮又摆出一个格斗的起手式，“我这招式和李小龙像不像？”

“像，很像。”媒体的人纷纷表示肯定。

“你们没说真话，这个招式其实不太像。李小龙做这动作时双掌掌心是向前向外的。而我这是对合朝里的。这是我们之间的差异，是因为佛法造成的差异。他的姿势表现出的是对抗、制敌，而我这姿势表现的是包容、接纳。他的掌势是朝向无限，而我的掌势是有限的圆满。我之所以这样改动，是想将他‘以无法为有法，以无限为有限’的武学思想有更深意义的拓展。你们明白吗？”

说到这里丁珮停了下，直到确认几位媒体人都点头示意明白了，她才将要说的话继续了下去。

“我是要让李小龙的武学思想更加完善，让他体现更多的实际意义，这也是我要建立BETTY·BRUCE慈善公司的目的。建立这个慈善公司是我自己在修行，也是在替李小龙修行，而更多的是给世人提供一个修行的机会，唤起他们心中的佛性和慈悲。你们可能都知道，我命中的定数是‘御龙而舞、遇龙而无’。而现在的我就是要让龙啸长响、龙势常傲、龙魂永存，哪怕这一回遇龙而无的是我自己！”

慷慨激昂之中，丁珮如同仙湖般缥缈的双目里似乎有佛光闪动，她那婷立的身躯周围似乎有龙影飞扬。

“我并不奢望永远拥有你，
偶尔一次已经足够。
但今天这个时刻我会永远将它保存，
哪怕有一天你离我而去，
我也会在这里放着这首歌，独自起舞。”